В О Л Ш Е Б Н А Я
Ф Л Е Й Т А

ИСПОВЕДЬ
ЗВЕЗДЫ

Dear Mark & Keiba,

you are the best associates
one can ever have.

Feel really lucky

Yours truly

V. Ponomarev,

01.12.03.

ИСПОВЕДЬ ЗВЕЗДЫ

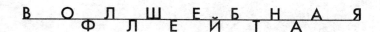

ВОЛШЕБНАЯ
ФЛЕЙТА

Валерий
ПОНОМАРЕВ

На обратной стороне звука

АГРАФ

Москва
2003

ББК 85.3
П563

Разработка серии *А. Парина*
Оформление серии *З. Буттаева*
Для знака серии использован рисунок *Е. Гинзбурга*

Текст печатается в авторской редакции

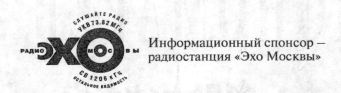

Информационный спонсор —
радиостанция «Эхо Москвы»

Пономарев В.М. На обратной стороне звука. —
П563 М.: «Аграф», 2003. — 272 с., ил.

Книга известного трубача-джазмена Валерия Пономарева
рассказывает об этапах блестящей творческой карьеры и вехах
жизни. Детство обычного московского школьника, ранняя тяга
к джазу и увлечение игрой на трубе, заочное знакомство с самыми блестящими джазовыми музыкантами Запада, выступления
в культовом кафе «Молодежное» — вот начало творческой
жизни Пономарева.

В 70-е годы герой книги уезжает в США и вскоре становится
трубачом известнейшего джаз-оркестра «Арт Блэки и Посланцы
Джаза» в Нью-Йорке, о работе в котором Пономарев мечтал с
юности. Приключения эмигранта изображены в череде живых
бытовых сценок. Яркие портретные зарисовки посвящены
встречам с лидерами американского джаза.

Книга Пономарева адресована самому широкому кругу
читателей.

ББК 85.3

ISBN 5-7784-0228-7

«Звезда джаза» В. Пономарев

В. Пономарев
на первом
велосипеде

На пути к Красной площади
(на демонстрацию) с матерью

Первый раз в пионерском лагере.
На линейке (крайний слева — В. Пономарев)

Семилетний горнист

В. Пономарёв

Досуг в пионерском лагере

В. Пономарев
рисует

В. Пономарев
с матерью

С школьным приятелем.
Москва, 1968

В. Багирян

В. Пономарев и Пол Гонзалвес (саксофонист).
Москва, 1972

В. Пономарев и Пепер Адамс (баритон-саксофон)

«Джем-
Сешн»
в Парке
культуры
им. Горького

Крайний слева
В. Пономарев,
крайний справа
Пепер Адамс

Фестиваль
«Пори-77».
За роялем
Уолтер
Дэвис

Концерт
в Линкольн-
центре,
1977

«Ньюпортский фестиваль»
в Нью-Йорке на открытой эстраде, 1979

«Ньюпортский фестиваль»

Совместное выступление
с предыдущими поколениями «Посланцев Джаза»

August '80

M	T	W	TH	F	S	SU
18	19	20	21	22	23	24

Art Blakey & Valery Ponomariev

В. Пономарев и Арт Блэки (в календаре)

Автограф Арта Блэки

Обратная сторона автографа

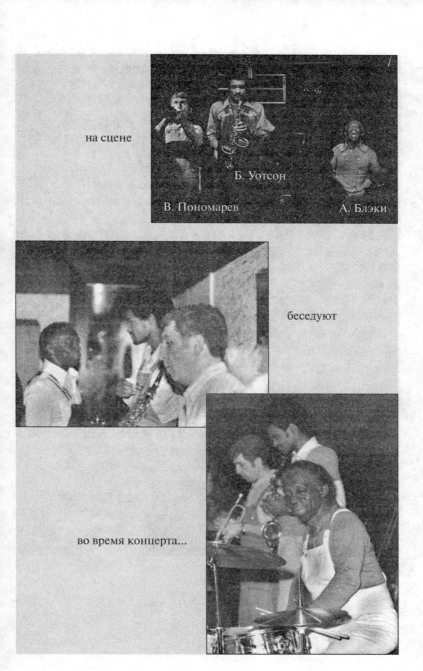

на сцене

Б. Уотсон

В. Пономарев

А. Блэки

беседуют

во время концерта...

«Генеалогическое древо» «Посланцев Джаза»

В. Пономарев

Во время концерта

Д. Уильямс   В. Пономарев

Б. Пирс   Б. Уотсон

На
первой
полосе
газеты
фотография
В. Пономарева,
подписывающего
бумагу о
немедленном
выезде
из страны

НОРВЕЖСКИЙ ИНЦИДЕНТ

*Посвящается
моим сыновьям
Сергею и Павлу*

«Если знаешь правду, не бойся ее сказать». «Правда невероятнее любой выдумки». «Покупайте наши пластинки. Говорю вам, как перед Богом, – очень деньги нужны».

Арт Блэки

Если бы я собирал по одному центу каждый раз, когда приходилось отвечать на вопросы: «Как ты попал в оркестр Арта Блэки "Посланцы Джаза?"», «Как ты убежал из Советского Союза?», «Как ты в Москве научился так играть джаз?», – я бы сейчас был миллиардером. Поэтому я и решил ответить на эти вопросы раз и навсегда.

Валерий Пономарёв

Вместо пролога

Т руба! Какое таинство обитает в загадочной природе её звука? Каким образом она задевает именно ту струну в душе воина, которая делает его могучим и бесстрашным перед лицом смертельного врага и ведёт его к невероятной победе? Каким образом она заставляет взрослого мужчину плакать, а девушек принимать томные позы и мечтать о своих возлюбленных? Как объяснить это волшебство?

Никогда не забуду итальянского механика в комбинезоне, вымазанном дёгтем и машинным маслом, размазывающего слёзы по лицу. Его сын попросил меня дня за два до этого: «Валер, послезавтра по дороге на концерт мы заедем к моему отцу в гараж. Сыграй ему что-нибудь, пожалуйста. Труба его самый любимый инструмент. У него слёзы выступают на глазах каждый раз, когда он её слышит».

Что заставило преподавательницу потерять свою статную осанку и прибежать из одного коридора в конец другого, где я перед началом урока в Московском Архитектурно-строительном техникуме выводил всякие мелодии для своих одноклассников на только что доставшейся мне педальной трубе? Колени учительницы тряслись, и она лепетала полный вздор: «Это ты! Это труба? Ты играешь на трубе? Я не знала, что ты так хорошо играешь на трубе», – в сознании преподавательницы математики наступило временное затмение.

Что заставило меня, шестилетнего мальчика в пионерском лагере, забыть о мяче, с которым я играл, и побежать на звуки горна, когда я его услышал в первый раз? Я побежал от дальнего кубрика к переднему, где горнист, мальчик намного меня старший по имени Сергей Шивкопляс, гордо стоял с поднятой вверх фанфарой и выдувал из неё эти чарующие звуки.

И уж конечно, я всегда буду помнить, как Арт Блэки говорил: «Когда Валерий играет балладу, все девушки изнемогают от любви». Он это говорил много раз.

Посланец из России

Я родился и вырос в Москве задолго до «Перестройки» и «Гласности», когда оболванивание граждан коммунистической пропагандой, секретность и дезинформация находились в зените своего бешенства. Повсюду – от школы до уличных объявлений – правительственная идеология была подмешана в жизнь советских граждан. Что бы ни преподавалось в школе или вещалось средствами информации, во всём был отвратительный привкус жестокого закона, пытающегося представить «дохлую утопию» молодой красавицей в подвенечном платье. Никакие виды искусства, истории, медицины, что хотите называйте, ничто не обходилось без примеси к ним «Идеологии». Все созидательные силы, вдохновение, талант страны, которая так ими благословлена, находились под бдительным оком «Родной Коммунистической Партии». Подозрительность, недоверие и паранойя были реальностью фальшивого мира, созданного и искусственно сохраняемого беспощадными правителями. Все природные ресурсы, включая человеческие, впустую растрачивались и разорялись. Только леса, хотя тоже постоянно разрушались, ещё сохраняли свою величественную красоту.

Мне повезло насладиться величайшим русским богатством – лесом, природой. В детстве я ездил в летний пионерский лагерь каждый год. Это был настоящий рай на земле. Лагерь находился под Звенигородом, километров 60-70 от столицы, в местечке под названием Каралово. Прорубленные в лесу дороги вели к близлежащим колхозным полям и деревушкам, которые сохранили свой облик с доисторических времён. В сухую погоду дороги были в пыли и ухабах, а как только начинал лить дождь, превращались в непроходимое месиво. Десять минут ходьбы от лагеря – и ты в дремучем лесу. Ходить самим на речку, которая имела название «Переплюевка» и больше походила на ручей, строго запрещалось, но я не помню ни одного пионера, который бы принимал это распоряжение всерьёз.

День был так распланирован, что у нас не было ни одной свободной минуты. Походы в близлежащие леса по грибы, ягоды, орехи, походы на речку, встреча восхода солнца, «военные» игры, всевозможные спортивные игры: футбол, волейбол, баскетбол, пинг-понг (я был непревзойдённым чемпионом по пинг-понгу), лапта, городки, шахматы – чего только ни было в дневном расписании. Что называется, «нашей обязанностью было развлекаться, и у нас это очень хорошо получалось». Чтобы попасть на футбольное поле, надо было выйти с территории и пройти немного лесом в направлении речки. Если выйти из лагеря через арку и идти по дороге налево, то спустишься с одного холма и заберёшься на другой. Там располагался Дом отдыха сотрудников ТАСС'а, где моя мать проработала с 19 лет до 65, когда она ушла на пенсию. Если идти по дороге дальше, то она вас уведёт с территории Дома отдыха. Тут дорога переходила в темную «берёзовую аллею», которая простиралась до самого леса, где она превращалась в узкую тропинку. Тропинка пробиралась по буграм, оврагам, по корням громадных сосен и елей в глубину леса. При входе в лес пионервожатая всегда говорила: «Посмотрите сюда, дети! – и показывала на пространство между деревьями, – это окно Левитана. Он располагался здесь со своим этюдником и палитрой, чтобы рисовать вот этот самый вид».

Как бы мы далеко ни уходили от лагеря, звуки горна или фанфары нас всегда настигали. Меня эти звуки притягивали с самого того момента, когда я их услышал в первый раз. По сей день помню, как я, единственный шестилетний ребёнок в лагере, все остальные дети были от семи до пятнадцати лет, смотрел вверх на Сергея и умолял его дать мне поиграть на этом удивительно прекрасном горне. Он, уже привыкший к надоеданиям детей, сначала не обращал на меня никакого внимания, но потом сжалился, после того как все окружившие нас дети принялись его уговаривать: «Дай ему попробовать. Дай ему попробовать. Это не твой горн. Он первый раз приехал. Он самый маленький». Серёжа вручил мне горн с видом принца, который решил поиграть с простолюдином в «демократию». Я взял горн в руки, как будто он мне всегда принадлежал, поднял его кверху, точно так же как Серёжа, и выдул из него точно те же самые звуки. Тогда, первый раз в своей жизни, я вкусил сладость аплодисментов: публика разразилась неистовыми овациями и криками: «Вот это да! Во даёт!» С тех пор стало ещё труднее заполучить горн, потому что я оказался серьёзным претендентом на благородный титул «горниста», и официальный хранитель «сокровища» оберегал его не на жизнь, а на смерть. Дети, они всегда находятся в своём собственном мире.

Когда Серёжа через пару лет вышел из детского возраста и перестал приезжать, «старейшины» лагеря вручили мне ответственность будить пионеров по утрам, созывать всех на обед и играть отбой в конце дня. Каждый сигнал повторялся несколько раз и имел слова, известные всем и каждому в лагере и близлежащих деревнях. Звуки побудки соответствовали словам «вставай, вставай, дружок, с постели на горшок», сигнал на обед переводился словами «бери ложку, бери хлеб и садися за обед», отбой можно было петь словами «спать, спать, по палатам, пионерам и вожатым».

В течение нескольких лет горн и фанфара существовали для меня только в ассоциации с летним лагерем. С осени по весну у меня не было с ними никакого контакта. Ни в обычной школе, ни в художественной, которую я посещал после обязательных классов, ни горнов ни фанфар не было. Как-то, зимним вечером, моя мать принесла домой журнал. Журнал этот был не простой. Он был очень хорошо издан, бумага сверкала, а наверху обложки большими буквами было написано «Америка». Произошёл неслыханный прецедент – впервые за современную историю Советского Союза в газетные киоски столицы поступил в широкую продажу американский журнал. Журнал был на русском языке и освещал разные аспекты жизни своей страны. Некоторые статьи рекламировали уровень жизни американцев. Там была фотография мальчишки на велосипеде с ногами поверх руля. Надпись под фотографией гласила: «Такого способа моя мама ещё не видела». Другая статья описывала американскую бедноту, из статьи я узнал, что американские бедные самые богатые из всех бедных в мире. Весь журнал был очень хорошо иллюстрирован фотографиями, но за исключением мальчишки на велосипеде и фотографий джазовых музыкантов я ни одной не помню. Особенно выделялась фотография Луи Армстронга. Это была необыкновенно выразительная фотография. Её, наверняка, сделали, когда Луи Армстронг играл. Красный цвет доминировал по всей фотографии, выпученные глаза выражали удовольствие и восторг, которые неслись в одном движении к раструбу, занимавшему весь первый план. Я слышал громко и отчётливо звук, выходивший из трубы. Вот это фотография! Запечатлеть звук визуальными средствами! Это был настоящий шедевр. Я просто обожал эту фотографию. На следующий день я достал толстый лист ватмана и скопировал фотографию в акварели без единого карандашного штриха. Я был просто покорён этой фотографией. Чем больше я на неё смотрел, тем больше я воображал себя трубачом.

Ватманская бумага была самой лучшей для акварели, и найти её в Москве было очень трудно. Портрет занимал только левую сторону листа. Так что, чтобы сэкономить бумагу, я нарисовал на правой половине себя с трубой, на этот раз карандашом. Мне было тринадцать лет, и к тому времени я ни разу не видел трубу с близкого расстояния. По рисунку ясно видно, что я не знал, как держать трубу. В остальном набросок получился неплохо.

Через пару дней после этого я болтался со своими дружками на «чёрном дворе». Вся середина двора была уставлена сараями, в которых жильцы держали дрова и всякую утварь. Один из соседей возился перед открытой дверью своего сарая. От нечего делать мы подошли поближе. Тут, между сложенными брёвнами, я увидел раструб.

– Что это? – я спросил, не веря своим глазам.

– Это труба, я на ней играл в военном духовом оркестре, – сказал старик и вытащил её из штабеля поленьев. Это была настоящая труба! – Я слышал, что ты играешь на горне в пионерском лагере. На, забирай, – и он протянул мне трубу.

– Вы серьёзно? Вы не шутите?

– Забирай, забирай. Она здесь уже давно лежит. Она мне больше не нужна. Жалко только мундштук пропал.

Я схватил побитое и заржавленное «сокровище», едва соображая, что старик говорил всерьёз. Забыв о своих дружках, я побежал домой. Матери дома не было, так что некому было мне говорить, что делать и чего не делать. Я отчистил трубу как мог, потом взял материну катушку с нитками и смотал все нитки. Потом срезал перочинным ножиком обод катушки с одной стороны, а с другой вырезал сердцевину и у меня получилось нечто, очень напоминающее мундштук. Оставалось только отполировать напильником края, стряхнуть древесную пыль, вставить мундштук в трубу и... дуть. Звук получился довольно чистый, что меня очень удивило.

Когда моя мать увидела трубу, она не сделала никаких комментариев, а только поинтересовалась, каким образом эта штука оказалась у нас в комнате. Весь следующий день в школе я ни о чём не мог думать, кроме трубы. Когда я пришёл домой, труба оказалась выставленной за дверь, как будто это был мокрый зонт или грязные галоши.

— Мам! В чём дело? Почему труба стоит под дверью?

— Её нельзя держать в комнате. Она слишком грязная. К тому же, кто только в неё ни дул. Кому известно, какие микробы в ней живут? – Таков был ответ.

На следующий день моё «сокровище» исчезло.

— Ма! Где труба? – подступился я к матери, когда она пришла с работы.

— Сынок, я не знаю. Я занята сейчас. Мне надо ужин готовить.

— Мам, где моя труба?

— Я уже тебе сказала, я не знаю. Кто-нибудь, наверное, вынес её на улицу.

Я никогда не плакал до этого, даже в младенческом возрасте, во всяком случае, так всегда рассказывала моя мать и соседи, но это было слишком. Слёзы сами собой потекли по щекам. Это была нестерпимая обида. До сих пор помню, как я сидел на диване и смотрел на мать, которая устроилась у стола лицом ко мне. То, что произошло дальше, поразило меня: она заплакала.

— Что с тобой?

— Я поняла, что ты будешь музыкантом, – ответила она сквозь всхлипывания.

Арт Блэки обожал эту историю. Много раз он меня спрашивал, всегда со смехом: «Что твоя мать сказала, когда труба пропала?»

В Каралово, где мать не имела надо мной никакой власти, я мог дуть в горн сколько хотел. Моё привилегированное положение в лагере оставалось непоколебимым, пока я сам не вырос из детского возраста и не передал свои обязанности моему наследнику. Вообще-то говоря, я никогда не видел своего наследника. В последующие два года, когда я приезжал в лагерь на выходные как гость, сигналы транслировались по громкоговорителям в записи, а что было дальше, я не знаю. С тех пор мне ни разу не приходилось возвращаться в Каралово.

Теперь, когда я рассказываю своим американским друзьям, что в детстве я проводил каждое лето с начала июня до конца августа за городом, они думают, что мои родители были очень богаты. Мне их приходится каждый раз переубеждать: «Нет, моя мать никогда не была богатой, ни по каким меркам, но в столице какой-то порядок был заведён, согласно которому все дети должны были на лето выезжать за город». Не знаю, так же теперь или нет, но в те времена в самые тёплые месяцы года детей в городе не было видно.

В последние годы я довольно часто приезжаю в Москву. Каждый раз, когда я навещаю мать, у нас заходит разговор о Каралове. Она говорит, что местечко в том виде, в котором я его помню, почти перестало существовать. На его месте теперь понастроено множество современных коттеджей и построек, но леса, всё ещё непоколебимые, стоят в своем первозданном величии. В этом году, первый раз за многие, многие годы, я буду в Москве летом на пару недель. На этот раз меня ничто не остановит – я заеду в Каралово.

В восемнадцать лет я был студентом Первого Областного музыкального училища и уже немного подрабатывал на халтурах, в основном с танцевальными оркестрами. Большую часть репертуара этих оркестров занимали популярные советские песни и мелодии. Одной из привлекательных сторон этих халтур был тот факт, что мы могли вставлять в репертуар американские стандартные мелодии, ну конечно, неофициально. Такое создавалось впечатление, что чем больше мы играли американских мелодий, тем больше хорошеньких девушек появлялось на танцах.

В один прекрасный день Толя Бойко, мой товарищ и тенорист в оркестре, объявил: «Валер, я такую штуку записал вчера по Голосу Америки! Обалдеть можно! Приходи завтра послушать. Я тебя знаю, ты умрёшь на месте». Следующим утром я отправился к Толе – от дома пешком до станции «Маяковская», от «Маяковской» до «Сокола», там вокруг станции через дворы к заднему дому, вверх по лестнице, стучусь в дверь. Когда я вошёл, Толя сидел на кровати, только что вылезши из-под одеяла. Он ни слова не произнёс, ни «здравствуй», ни «заходи», а только протянул руку к магнитофону и нажал кнопку воспроизведения – зазвучал целый квинтет, вступление, тема, импровизация. Особенно выделялись труба и барабаны. То, что я услышал, превзошло все мои ожидания: не только живая страсть, но и абсолютная точность, чистота и совершенство каждой ноты в соло трубы буквально потрясли меня. Звучала настоящая, неприкрытая, неподдельная правда. В этот момент я понял, что моё музыкальное существование может быть связано только с такой музыкой.

Так я впервые познакомился с Клиффордом Брауном и его темой «Прогулка по Блюзу». До того времени у меня было только смутное представление о джазе. Теперь я был совершенно захвачен джазом, как ужаленный, я носился по Москве в поисках его на плёнках, пластинки найти было невозможно, и самой первой записью оказалась пластинка Арта Блэки и «Посланцев Джаза» под названием «Стонущий». Пластинка произвела на меня потрясающий эффект. Теперь, как мой друг Толя, едва проснувшись, я протягивал руку к магнитофону и нажимал кнопку воспроизведения. Я слушал «Стонущий» целыми днями. Вскоре я мог пропеть все соло с пластинки. Не только соло Ли Моргана (труба) и Бени Голсона (саксофон), но и Бобби Тиммонса (фортепиано) и Джими Мерита (контрабас) и самого Арта Блэки (ударные). Затем последовали многочисленные записи других музыкантов. Пластинка Арта Блэки «Ночь в "Стране Птиц"» (название клуба) превзошла всё до сих пор слышанное. Я и сообразить не успел, как оказался посреди комнаты с трубой в руках, музыка гремит, и я воображаю, что играю с оркестром Арта Блэки. На какой-то момент я уподобился моему товарищу Севе, который видел контрабасиста в действии и теперь при каждом удобном случае дёргал руками и ногами, как будто играл на воображаемом контрабасе. У Севы был жалкий и беспомощный вид. Нет, нет, нет, мне этого недостаточно. Я должен научиться играть по-настоящему.

Кто-то из более старших музыкантов посоветовал мне списать соло и посмотреть, что я из этого могу извлечь, сравнивая ноты с соответствующим аккордом. Очень скоро я натолкнулся на музыкальные речевые единицы, музыкальные фразы или «ходы», как мы их потом называли. Одна фраза повторилась точно, как её сыграл Ли Морган, другую фразу я услышал у Клиффорда Брауна, точно, как её сыграл Чарли Паркер, Блу Митчел сыграл точно такую же фразу в другой вещи и в другой тональности. Я наткнулся на золотой источник. Я сидел дома, раскапывая источник день и ночь, разбирая аккорды на пианино, транспонируя фразы во все тональности, применяя их в собственных импровизациях на разные темы. Я и оглянуться не успел, как начал разговаривать на языке джаза.

Музыкальный техникум, футбол, болтание по улицам с дружками – всё было забыто. Я очутился в совершенно другом мире со своими новыми героями. На улице с ними увидеться было невозможно никак. Только советская «элита» могла ездить за границу. Но ей неинтересно было повидаться с Артом Блэки. Единственным, что они привозили с собой, были дешёвые шмотки и рассказы о том, как «страдает от капитализма» рабочий класс. Мои музыкальные герои существовали для меня только в их звучании, в «звуковом измерении», которое было непроницаемо для обычных граждан. Я всерьёз думал, что застрял не в том «измерении».

Побег из Парка Горького

Самым модным и современным заведением в Москве шестидесятых годов было кафе «Молодёжное». Оно находилось на улице Горького (Тверская), между Площадью Маяковского и Белорусским вокзалом. Вот куда надо было ходить! Буквально все, коренные москвичи и гости столицы, мечтали туда попасть. Самым богемным в столово-ресторанном тресте столицы кафе считалось не случайно. Двери его открывались почти исключительно для иностранных туристов. Иногда и простым смертным – москвичам – тоже удавалось туда пробраться. Хорошеньким девушкам в среднем везло больше, чем остальным горожанам. Дело было в том, что городские власти открыли это кафе не для отечественной молодёжи, а для того, чтобы поразить гостей с Запада существующими в Советском Раю свободами и показать им наглядно, что жизнь в штаб-квартире современной Утопии не так уж отличается от образа жизни на Западе.

Однако всё, чего власти добились, было то, что они установили и поддерживали существование маленького островка с атмосферой, напоминающей атмосферу места, расположенного где угодно западней самой западной границы огромной и когда-то богатейшей империи, теперь называемой Союз Советских Социалистических Республик. Кафе «Молодёжное» было фактически колонией, с признаками Западной культуры, размещённой в самом сердце антипода западно-капиталистического общества.

Подразумевалось, что всё внутри кафе было как на Западе: бар с величайшим множеством отечественных и заморских алкогольных и неалкогольных напитков, прекрасный концертный рояль на сцене, добродушная атмосфера, хорошие манеры. Даже на кухне абсолютно все, от главповара до уборщицы, говорили друг другу: «извините, пожалуйста, будьте любезны и т.д». Не говоря уж о том, что официантки были, по московским стандартам конечно, исключительно вежливы с посетителями. Уж с остальными столичными ресторанами не сравнить.

Ну, скажем, ресторан «Останкино», где я играл в оркестре, после того как кафе закрыли и переделали в пельменную. Не знаю, заходили ли в пельменную иностранцы или хорошенькие девушки, но джаза там не было, это точно. В ресторане «Останкино» официантки вели себя так, как будто Патриарх Всея Руси отпустил им специальное право скандалить и обругивать гостей. Была у нас там одна официантка Лена, заветная мечта нашего барабанщика из Баку Валентина Багиряна. Лена была, что называется, царь-баба, высокая, статная, в пропорциях приближающаяся к рекордным размерам, но ещё сохранившая следы роскошной северной красоты, которая стала увядать не так уж давно.

Метр пятьдесят сантиметров росту, худой как спичка Валя и Лена, которая казалась только в диаметре больше, чем её обожатель в высоту, составили бы очень привлекательную пару.

Валентин был нас всех значительно старше. Он родился и вырос на Кавказе, где обитатели гор, согласно многочисленным легендам, все как один дикие, свирепые, темпераментные и легко вспыльчивые люди. Багирян сам много раз рассказывал, как однажды он присутствовал при ужасном скандале, разразившемся на свадьбе в горном ауле: двое разгорячённых различными возлияниями кавказцев повздорили из-за чего-то прямо за праздничным столом. Начались взаимные оскорбления, которые быстро перешли в жесточайшую драку. Кончилось всё тем, что один из соперников выхватил саблю и хватил ею своего ненавистника по шее.

До сих пор я хорошо помню, как Багирян изображал обезглавленное тело на расставленных ногах, упершееся в землю, руки в стороны. На том месте, где только что была голова, по словам Багиряна, зияла дыра и из неё фонтаном била кровь, а голова валялась рядом на земле и, шевеля умирающими губами, шептала последние в своей жизни зверские проклятья. Багирян рассказывал так натурально, что мы всему этому верили и только удивлялись: «Что же они там такое пьют на Кавказе?»

Не знаю, все ли национальности и племена, населяющие этот величайший лабиринт необыкновенных по красоте снежных вершин, некоторые из которых считаются самыми высокими в мире, скал, обрывов, горных озёр, рек и ручейков, старинных пещер и замков, богатейшей горной растительности и поразительной голубизны небес, отличаются такой вспыльчивостью, но к нашему ударнику это относилось несомненно. Багирян мог разразиться взрывами самых беспардонных ругательств, криков, смертельных угроз и сопровождать всё это невероятно выразительной и драматичной жестикуляцией. Такие приступы могли извергнуться из него в любую минуту и всегда в самый неподходящий момент. И всё-таки Валя обладал замечательными личными качествами, за которые все его любили и не принимали всерьёз его истерик. Но только Лена обладала какой-то магической властью над ним. Только в её присутствии Валентин вёл себя как маленький, тихий котёнок. Неудивительно, конечно, ведь Лена в свои лучшие годы работала с укротителем тигров в Московском цирке. Её обязанностью было выходить на середину арены, освещённую лучом прожектора, и объявлять номер своего шефа.

В один прекрасный день мы все уже находились на сцене и готовы были начинать первое отделение, только Багирян отсутствовал. Он сидел вдали от сцены на лавочке, зажатый между Леной и нашим шеф-поваром. По-моему, это был первый случай, когда Валя подобрался к Лене так близко. Несмотря на многочисленные сигналы со сцены, что уже пора сесть за барабаны, Багирян сидел без движения и не проявлял никакого интереса к исполнению музыки. Глаза уставлены в бесконечность космического пространства, он выглядел так, будто переживал снисхождение божественного благословения, продлевая чудесный момент. Руководитель нашего оркестра, Владимир Антошин по кличке «Берлога», спустился со сцены и пошёл по направлению к троице, подавая всевозможные знаки: мы должны были уже начать играть по меньшей мере пятнадцать минут назад. Багирян продолжал сидеть с блаженной улыбкой на лице, не шелохнувшись, как будто он окаменел в залежах доисторического янтаря. Лена и повар тем временем, не обращая ни на что внимания, продолжали разговаривать.

– Багирян, что на сей-то раз произошло? Сегодня ты ещё вроде водки не пил. Нам надо начинать, пока босс ничего не сказал. Сколько у нас уже предупреждений было в одном только этом месяце! Ты что хочешь, чтобы нам всем выговор записали в личное дело что ли? – В голосе Антошина зазвучали нетерпеливые нотки. Даже повар поднялся с лавочки, чтобы освободить проход нашему барабанщику, а тот всё ещё сидел без движения, уставившись в грязный потолок, как будто слившийся с правым боком своей Дульцинеи. – Валя, достаточно уже, – Берлога протянул руку, чтобы вывести Багиряна из ступора. И тут, как будто включённый к действию каким-то невидимым выключателем, Багирян вскочил со своего места, вытаскивая правую руку из-под Лениного зада. Обычные его проклятья понеслись направо и налево: «Ненавижу эту работу», «Срать мне на этот ресторан», «Мясо всегда протухшее», «Напитки разбавленные», «На себя никакого времени нет», «Я бы мог ещё неизвестно сколько времени держать её за жопу», «Я в совершенстве владею французским языком».

Это была абсолютная правда. Багирян с отличием окончил Бакинский институт иностранных языков, но как переводчик работал недолго и остался верен своему первому увлечению, джазу.

Однажды нам довелось видеть и слышать, как Багирян наложил тех же самых проклятий, только на чистейшем французском языке, на головы французских туристов.

— Берлога, ты не умеешь свинговать. — Это уже было слишком. Багирян знал, конечно, что это неправда, но он просто хотел отомстить Берлоге за вмешательство в его личную жизнь. Когда Валентин был не слишком пьян, они с Берлогой даже очень здорово свинговали. Это всем было хорошо известно.

— Все вы музыканты одинаковые, у вас только одно на уме, — сказала Лена, поднимаясь с лавочки и поправляя свои юбки. Только тут наша принцесса на горошине поняла, что послужило толчком к очередному Багиряновскому извержению.

В этот же вечер, когда Лена белой павой выплывала из кухонных дверей с полным подносом закусок и разных блюд в руках, она натолкнулась на посетителя, который сидел прямо у выхода. Звук от столкновения подноса со лбом расположившегося к приятному отдыху гостя был довольно мощный, но поднос Лена удержала и яства с него не ссыпались. Внушительный трудовой опыт опять сыграл свою положительную роль.

— Срань тупая, неужели больше негде сесть, кроме как у выхода с кухни? – не очень даже раздраженно наорала Лена на пострадавшего. – Мудак, – добавила принцесса и поплыла дальше доставлять по назначению свой драгоценный груз. Ни о каких извинениях даже и речи не могло быть.

Ничего подобного никогда не могло произойти в кафе «Молодёжное». В кафе всегда был полный порядок. Я себе представляю, что бы было, если бы что-нибудь всё-таки оказалось не в порядке под всевидящим оком Старшего Брата, представителями которого в кафе были Дмитерко, Виноградов и их сотрудники – краснощёкие, наивные, большеглазые, добродушные комсомольцы.

Как-то я случайно услышал, как гардеробщица кафе тётя Зина рассказывала своей задушевной подружке тёте Фросе: «Все они, как один, кагебешники в звании от сержанта до капитана».

Это было не моё дело. Меня только интересовал оркестр, который выступал на этой экспозиции свободы и процветания. В джаз-оркестре играли: Валерий Буланов, Андрей Егоров, Вадим Сакун, Алексей Козлов, Николай Громин и Андрей Толмасян. Они считались одними из самых лучших во всей стране. Даже Георгий Гаранян, самый уважаемый и знаменитый джазовый музыкант во всём Советском Союзе, блестящий альт-саксофонист и дирижер Московского Государственного Оркестра Радио, приходил в кафе, когда у него было время, поиграть с гигантами советского джаза.

Оркестр только что вернулся с международного джаз-фестиваля «Джаз Джембори» в Варшаве. Музыканты из всех капиталистических стран, включая американцев, были там завсегдатаями. Советские музыканты выступали за границей в первый раз. В программе оркестра была общеизвестная джазовая классика и два оригинальных произведения – баллада Алексея Козлова и «Господин Великий Новгород» Андрея Толмасяна.

Музыканты и любители джаза передавали друг другу последние новости, привезённые из Польши: «Западные гости фестиваля были поражены звучанием Советского оркестра и устроили нашим ребятам бурную овацию». В следующем году квинтет Нэта Эддерли (сверхзвезда американского джаза тех лет) записал на своей новой пластинке композицию Андрея. В Москве сразу заговорили, что это политический трюк, разработанный в ЦРУ. ЦРУ или не ЦРУ, а тема эта мне очень нравилась. Хоть и уходила она своими музыкальными корнями в американские спиричуэл (негритянские религиозные гимны), но так и слышен перезвон Новгородских колоколов. Очень выразительная тема.

Ещё рассказывали, что была там группа людей, по составу гораздо больше чем секстет, которая тоже приехала на фестиваль из Москвы. Эти люди приехали на музыкальный праздник для того, чтобы заботливой помощью окружить на чужбине русских музыкантов, которых со всех сторон обступали капиталистические акулы с музыкальными инструментами. Виноградов и Болташов, его подчинённый, во главе группы. Болташов повёл себя так, как будто оркестр приехал сопровождать его выступление. Он читал какие-то речи и доклады о своей иключительной роли в развитии советского джаза. Играть он ни на каком инструменте не умел, но провёл на сцене со своими разговорами больше времени, чем музыканты, исполняя свою программу. По возвращении в Москву он всем и каждому рассказывал, как его хорошо принимали и как важно, чтобы в будущем он всегда сопровождал наших музыкантов за границу и помогал им получить то, что им положено.

Получили московские звёзды джаза что им положено или нет – меня не касалось. Я был всё равно исполнен огромного уважения к этим музыкантам. Все они были старше меня и находились далеко впереди в своём музыкальном развитии. Но я быстро догонял лидирующую группу. Очень много мне дало списывание и анализ соло моих любимых музыкантов: Чарли Паркера, Клиффорда Брауна, Ли Моргана, Блу Митчела, Диззи Гиллеспи. К тому же я продолжал делать всё новые и новые открытия с каждым днём. Имена и музыкальный стиль Фрэди Хабарта, Уэйна Шортера, Джона Колтрэйна, Херби Хенкока, Тони

Уильмса, Сони Роллинса, Макса Роуча, Арта Фармера, Джони Грифина, Фили Джо Джонса, Элвина Джонса, Джими Коба и многих-многих других находили постоянное место в моём сознании. В процессе перевода звучащей музыки на нотную бумагу все ритмические, гармонические и мелодические тайны выступали как на ладони.

До всего приходилось доходить самому. Никаких джазовых школ в Союзе тогда и в помине не было, и ни о каком регулярном образовании не могло быть и речи. О джазовых школах за границей и мечтать не приходилось. В те годы на каждую путёвку за границу должно было быть получено правительственное разрешение. Туризма фактически не существовало даже в братские социалистические страны, а только за подачу документов на выезд в капиталистические страны проситель автоматически подвергал большому риску свой жизненный уровень и даже мог попасть за это в тюрьму.

Хоть и было для меня к тому времени привычным делом ходить в кафе «Молодёжное» – спасибо Сакуну, Буланову и Егорову, которые всегда проводили меня с собой или устраивали пропуск, – мне ещё ни разу не удалось поиграть с самым знаменитым на всю Россию трио.

В один прекрасный день мне позвонил Сакун.

– Хочешь с нами сегодня играть?

– О да, конечно, – ответил я без всякого промедления. Мой товарищ, Виталий Клейнот, предупредил меня дня за два до этого, что формируется новый оркестр и трио ищет нового солиста. Единственная проблема была только в том, что у меня голова раскалывалась из-за огромного количества выпитой накануне вечером водки и самогона.

Всё лето, которое только что закончилось, я провёл в курортном городке Судак на Чёрном море с моими друзьями «с Мазутного» проезда – Колей по кличке «Луна», данной ему за круглое лицо, Юрием Репенко, которого и по имени-то никто не знал, а звали только прозвищем

«Гога», Борисом Россиным, ещё какой-то публикой. Все пили по-чёрному. Луна и Гога праздновали свою абсолютную свободу от Геодезического и Экономического институтов, выпускниками которых они стали только две недели назад. Что касается Россина, так он тоже праздновал бесконтрольно, так как только что стал выпускником лагерей принудительного труда, где он отсидел свой первый срок. Я тоже не дурак был выпить, не буду скромничать, но чтобы уметь пить так, как мои товарищи, надо было родиться в Мазутном проезде. Очень быстро я подтянулся и стал хлестать национальный напиток круглые сутки по полному стакану зараз. Только глаза продерёшь, а уже кто-нибудь тебе полную дозу в лицо суёт. В двадцать лет любые знания усваиваются очень быстро и чрезвычайно прочно.

Во время попоек я учил моих профессоров по введению алкоголя в организм принципам сольфеджио. Гога немного играл на саксофоне, а Россин мог сыграть на трубе «Когда Святые маршируют» от начала до конца, не сбиваясь. Что касается Коли, так он не только не играл ни на каком инструменте, но не мог спеть даже «Шумел камыш, деревья гнулись» стройно. Ни один из них никогда и не слышал такого слова как СОЛЬФЕДЖИО. Стоило полюбоваться этой картиной – все мы в жопу пьяные, ревём интервалы и ступени из диатонической гаммы. Тритон был излюбленным интервалом у моих студентов. Кто-нибудь засыпал прямо на полу, не допев интервала, а за ним и все остальные отключались, кто где попало: в кресле, на диване, в туалете, на лестнице. К моему великому удивлению, все ученики постигли принцип диатонических ступеней и их разрешения очень хорошо, было за что выпить. Только Гога как-то осмурнел. Он надавал одной из девушек по щекам за то, что она не захотела пойти с ним в соседнюю комнату, где стоял большой диван.

– Динамистка сраная, сука, убирайся отсюда, – продолжал он орать бедной девушке вслед, когда она убегала и никогда больше не попыталась возобновить занятия в нашем классе.

Это было тогда, летом. Теперь стояла ранняя осень и я вернулся в Москву, где надо было заниматься делом. Уже пора было идти на халтуру, которая фактически была прослушиваньем, а голова моя всё ещё раскалывалась от боли да к тому же меня ещё подташнивало. Одна стопка привела бы мой организм в полный порядок.

Минздрав предупреждает: «Алкоголь вреден для здоровья!» Пить водку для восстановления самочувствия значит идти прямой дорогой в ад, это я и без Минздрава хорошо знал. С самого детства я видел слишком много людей, превратившихся в беспомощных алкоголиков. Пойти по другому пути означало перетерпеть до конца все мученические страдания, зато прийти в норму на следующий день. Выбирай дорогу.

Не знаю, как мне это удалось, но меня приняли на постоянную работу в самое престижное место в столице – кафе «Молодёжное». Вадим сказал, что он «раскололся», когда слышал мою игру тем вечером. Ещё только могу прибавить, что с того дня я не пил даже сухого вина в течение нескольких лет.

Немного мне понадобилось времени, чтобы привыкнуть к новому статусу сотрудника. Теперь я был привилегированной личностью. Во-первых, не нужно было больше стоять в очереди, чтобы пройти в кафе, а потом ещё мучительно долго доказывать комсомольцам-вышибалам, что я в списке приглашенных или что меня обещал провести сам Вадим Сакун, а потом ещё потратить целую вечность на объяснения этому краснощёкому уроду, кто такой Сакун. Теперь я просто подходил к входу и на глазах у изумлённой очереди проходил в двери мимо парочки комсомольцев-стукачей, потом через вторые двери мимо ещё одной парочки розовощёких, добродушных вышибал. И вот я уже на другой стороне – всё внутри ярко, празднично. Не нужно никому ничего доказывать, ни пропуска ни паспорта предъявлять, просто поворачиваешь налево и вниз по лестнице, ведущей в полуосвещённый подвал, где можно было «раздуться», а одежду свалить в небольшом закутке, отведённом для музыкантов. Подвал пролегал под кафе на всю его длину с двумя входами по обоим концам. Там на всё хватало места – подсобные службы, склад алкогольных напитков, морозильник – и мы там могли репетировать, если сцена по какой-нибудь причине была занята. Ещё разные функции у подвала были. Под предлогом показа достопримечательностей кафе некоторые из краснощёких комсомольцев затаскивали туда посетительниц, и тут уже хорошенькой москвичке приходилось туго. Однажды добродушные комсомольцы заметили, как какой-то фарцовщик хотел выменять у иностранца пластинку. Его запихали в подвал так быстро, что на праздничной поверхности кафе исчезновения любителя свободного обмена товарами никто и не заметил.

Говорили потом, что в портфеле фарцовщика нашли много пластинок, которые он, видимо, наменял где-то раньше. Всё у него, конечно, отобрали, выпихали за двери и сдали кому-то на руки с синяком под глазом и шишкой на лбу так же незаметно, как и запихали в подвал. Надо же, до какого хамства докатилась эта фарцовня: творить своё гнусное дело прямо на территории Старшего Брата!

Ой как мои друзья из Мазутного проезда были горды и счастливы, когда я их в первый раз поставил в список приглашённых! Они пришли разодетые в свои по-воскресному разглаженные пиджаки и брюки, ботинки начищены до блеска северного сияния, и Нинка с ними. Я её и раньше видел, добродушная такая девушка, всегда облачённая в фирменную одежду, которую она каким-то образом доставала у иностранцев. Официанткам пришлось ставить для них почти на проходе добавочный стол, потому что пока дело дошло до гостей из Мазутного проезда, все места уже были заняты гостями из-за границы. В перерыве я с трудом протолкался к их столу. Вокруг было столько народу, что я и не думал даже просить официанток принести мне стул, зная, что все их ресурсы были уже давно исчерпаны. Так что я просто пристроился около них.

— Нинка, подвинься немного, — скомандовал Гога своей даме на этот вечер. — Куда я подвинусь-то? Места совсем нету, — ответила Нина, поддерживая осанку высокосветской дамы на балу у губернатора. Гога тут же слегка шлёпнул её по щеке. — Подвинь свою жопу, сука сраная, ты что, не видишь, Валерка хочет сесть?

— Валерк! А я слышал в твоём соло клиффордовские фразы, которые ты разучивал в Судаке, — сказал Коля, уверенный, как всегда, что он сдал выпускной экзамен.

— Я тоже слышал некоторые фразы, — вмешался Гога.

— Какие фразы вы слышали? — поинтересовался я.

— Да вот эту, — сказал Гога и пропел очень точно два такта.

— А, эту. Это мелодический ход из соло Блу Митчела на тему «Если бы я знал», которой мы закончили отделение.

— Я думал, ты только Клиффорда Брауна любишь, — пробурчал Луна разочарованно, — ты только о нём и говоришь.

— Он об Арте Блэки тоже говорит, — не мог не похвастаться Россин, что и он научился кой-чему за это лето.

— Россин! Арт Блэки это ударник и лидер оркестра под названием «Посланцы Джаза». Как Парамон (моё прозвище) может на трубе играть его фразы?

— Луна! Ты что думаешь, я не знаю, на чём Арт Блэки играет? — не сдавался Россин.

И тут развернулась целая дискуссия о том, кто на чём играет и так далее. Каждый раз, когда мнения не совпадали, их вопрошающие глаза обращались ко мне как к рефери. Нина тем временем упорхнула танцевать с каким-то итальянцем.

Перед сценой было не загороженное столами пространство и там все танцевали в перерывах между нашими выступлениями. В толпе танцующих я увидел исландца, который на этой неделе не пропустил ни одного вечера. Каждый раз он приходил с одной и той же девушкой, которая намертво обхватила его в танцевальном объятии, глаза закрыты в счастливом упоении. Со стороны они выглядели, как пораженные любовью Ромео и Джульетта.

– Валер, ты можешь взять трубу и дунуть на них какую-нибудь ноту погромче? – спросил меня специально подошедший Виноградов.

– Кадрит она его, хочет замуж выйти и рвануть на Запад, – подвёл итоги Гога.

Через год или два я случайно столкнулся с ней у метро Свердловская. Московская Джульетта прилетела из Рейкьявика повидать свою мать. С ирландцем она уже развелась, а за ребёнком кто-то посторонний присматривал. Вид у неё был не очень счастливый.

«Молодёжное» кафе было всегда забито до отказа, в основном европейскими туристами, включая англичан, французов и итальянцев – настоящие капиталисты.

Как-то перед началом первого отделения Вадим мне указал на группу детей по 15-16 лет и сказал: «Это американцы». Самые настоящие капиталисты. С ними был невысокий чернокожий мужчина лет тридцати пяти, видимо, руководитель группы.

Когда я в перерыве стал спускаться со сцены, он отделился от своей группы и пошёл прямо на меня. Чернокожий американец был очень взволнован и что-то говорил. По его возбуждению и улыбке я понял, что ему очень понравилось, как мы играли. Тут же ко мне кто-то подскочил с левой стороны и стал переводить: «Он учитель из Америки, со своими девятиклассниками находится в турне по Восточной Европе. Он в восторге от твоей игры». Я сказал «спасибо» по-английски. Лицо учителя ещё больше загорелось, и он возобновил свою речь, обращаясь ко мне.

Тогда я ещё по-английски совсем не говорил, за исключением двух-трёх слов, имён музыкантов и названий тем: «Блюз Уок, Блюз Марш, Моанинг, Ар ю риал, Кам рэйн ор ком шайн, Куик силвер, Уотс нью, Нау из де тайм, Найт ин Тунизиа» и так далее.

Заокеанский гость продолжал говорить. На этот раз я услышал в его речи – Клиффорд Браун. Когда он остановился, я сказал: «Спасибо». Он опять что-то сказал, и я опять сказал: «Спасибо». Так это ещё некоторое время продолжалось: учитель поговорит, поговорит и остановится, подождёт. Я скажу: «Спасибо», он возобновит свою речь и остановится. Я скажу опять: «Спасибо», пока переводчик не вмешался:

– Он говорит, что ты играешь, как Клиффорд Браун, и хочет записать твой адрес, чтобы послать тебе его пластинки.

Русский язык необыкновенно богатый и выразительный. Говорят, что русские ругательства самые сильные и омерзительные во всём мире. Великое множество их металось у меня в голове, когда я слушал перевод. Для комсомольца-переводчика всё это означало, что рыжеволосый трубач переступает границу дозволенного и входит в непосредственный контакт с иностранцем из вражеского государства, возможно, для нелегальных действий против Советского Союза.

– Спасибо, это совсем не обязательно, – сказал я, а комсомолец перевёл. Иностранец из «вражеского» государства посмотрел на меня в недоумении и опять обратился к розовощёкому ублюдку.

– Ничего, ничего, не беспокойтесь, – сказал я, не подождав перевода, пытаясь создать впечатление, что эти пластинки можно купить в Москве так же легко, как картошку на соседнем рынке. Учитель сделал ещё одну попытку, думая наверно, что перевод получился не совсем понятный. Я поблагодарил его ещё раз в полной уверенности, что никогда не смогу объяснить моему американскому другу настоящий смысл происходящего.

Одному Богу только известно, что он думал, когда возвращался к столу со своими учениками. Скоро они все вернутся в свою школу. Интересно, что они напишут в сочинении на тему, скажем, «Наше путешествие в Москву», «Поход в кафе "Молодёжное"»? Русские – недружелюбный народ, трубач – высокомерный гад, не захотел даже поговорить с нашим учителем. Этому рыжему неплохо бы знать, что наш учитель сам хорошо играет на саксофоне, а его брат играет на трубе в профессиональном джаз-оркестре. Он даже знаком с Диззи Гиллеспи. Вот так! Получай! – Боже ты мой! Ну что тут сделаешь?!

Очень часто музыканты из других городов приходили в клуб поиграть с нами. Из Баку, Ленинграда (которому теперь возвращено его настоящее имя Санкт-Петербург), Еревана, Тбилиси, Сочи. Их родные города находились так далеко от Москвы, что в кафе наши сограждане выглядели чужеземцами. Ну, меня-то не обманешь, все ходили под одним законом. Костя Носов, Роман Кунцман, Геннадий Гольштейн, Давид Голощёкин, Владимир Феертаг, Вагиф Мустафа Заде, Алик Петросов, Владимир Ткалич и многие-многие другие. Все очень талантливые и полные энтузиазма молодые музыканты. У гостей из Ленинграда был слегка более утончённый стиль. У кавказцев джаз получался более горячий, основанный на сырых эмоциях. У Кости был очень красивый звук на трубе, Феертаг ни на чём не играл, но зато всё на свете знал о джазе. Я так думаю, что его можно назвать музыковедом.

В мае 66 года оркестр Ерл «Фазер» Хайнса, при участии Бада Джонсона на теноре (тенор-саксофоне), гастролировал по Союзу. Турне начиналось с Москвы. Вокруг все только и говорили, что легендарный пианист и руководитель оркестра со своими музыкантами придёт к нам в кафе. Я и не помню даже, откуда всё пошло. По-моему,

Виноградов занёс последние новости. А как это понимать, значит, Бад Джонсон тоже придёт?

Ерл «Фазер» Хайнс! Придёт к нам! Это было непостижимо, невообразимо, невероятно. Тем не менее Клейнот, очень талантливый тенор-саксофонист, уже сидел в подвале с другими музыкантами и репетировал тему Бада Джонсона.

– Парамон! Присоединяйся. – Виталий всегда все темы и правильные аккорды к ним знал. Хоть тема и была простой риф, мы её тем не менее прокатали пару раз.

Потом в слух были внесены поправки: «Ерл Фазер Хайнс заболел гриппом и отказывался покинуть номер своей гостиницы». Насчёт остальных участников оркестра никаких поправок не поступало. Бад Джонсон, Боб Донован, Майкл Зверин (американец русского происхождения), Оливер Джаксон, Милт Хинтон обещали прийти в кафе «Молодёжное» сегодня вечером.

Уже пробило восемь часов вечера, в кафе набилось много московских музыкантов со своими инструментами, пора начинать первое отделение, а ничего особенного ещё не произошло. Как раз наоборот, всё было как обычно – комсомольцы разводили гостей по их столикам, Виноградов и Дмитерко давали указания, официантки бегали взад и вперёд, вышибалы в дверях проверяли документы, огромная очередь протянулась на улице от входа до конца квартала.

Нет, не придёт никто, я был абсолютно убеждён. Нужно было настоящее чудо, чтобы путешественники из другого измерения, в котором обитают пластинки, статьи в «Даун Бит», Уилис Кановер и его час джаза по Голосу Америки, мифический остров Манхэттен, 52 улица, студии звукозаписи, клубы, материализовались живьём в кафе «Молодёжное».

– Открывать первое отделение, – сказал Вадим,– будем его темой «Движущиеся». – Мне очень нравилось импровизировать на эту тему. Она была основана на самой распространённой гармонической сетке в 32 такта под названием «Гармонизованный ритм», гармоническую структуру которой использовали и продолжают использовать многие-многие композиторы. Это давало мне возможность в практической ситуации проверить материал, который я находил в списанных мной соло и над которым работал дома.

Наша ритм-секция поддавала как следует, играть под такой аккомпанемент всегда было одно удовольствие. Трио Вадима Сакуна не случайно считалось лучшим во всей России. Я играл квадрат за квадратом и не мог остановиться, как будто меня захватила какая-то инерция и она меня катила, катила и катила, всё подогревая и без того уже кипящий восторг момента.

Когда я закончил и открыл глаза, первое, что я увидел, это были наши гости, сидящие вдоль стены напротив сцены. Прямо, как жюри. Оливер Джаксон указывает на меня вилкой, как дирижерской палочкой. Пожилой, отяжелевший от излишнего веса, человек в коричневом свитере с тенор-саксофоном был Бад Джонсон. Почти сразу же он достал свой инструмент из футляра и подошел к высокой сцене, где и остановился в неуверенности. Три ступеньки, ведущие на сцену, были забиты народом. Мы с Клейнотом сразу смекнули в чём дело, даже не перемигнувшись, подхватили патриарха с обеих сторон под локти и помогли ему взойти на пьедестал.

– «Ин а мелоу тоун», – он наполовину спросил, наполовину предложил.

– В какой тональности?– кто-то спросил по-аглийски с сильным русским акцентом, так только, чтобы показать своё знание английского. Кому это нужно, всем известно, что стандартная тональность «Ин а мелоу тоун» ля бемоль мажор. Раз – два, раз... поехали.

Для меня, Клейнота и большинства московских музыкантов это была первая возможность играть с американцами. Все мы были радостно взволнованы и воодушевлены на великие музыкальные подвиги. Наши лучшие ходы никогда лучше не звучали. Это было совершенно потрясающее чувство играть джаз с людьми из того времени и пространства, где он возник и развился в самую сильную музыкальную форму XX столетия. С людьми, которые даже принимали участие в формировании его музыкального языка.

После первой вещи остальные музыканты оркестра Ерл «Фазер» Хайнса «излучились» на сцену. И тут всё началось: мы называли тему за темой, а наши пришельцы из джазового измерения тут же начинали играть. Что бы мы ни придумали, кто-нибудь, в основном Бад Джонсон, только вытаптывал ногой команду вступать. Так всё и продолжалось, пока не наступило время закрывать заведение. Даже Виноградов не мог с этим ничего поделать. Мы все высыпали на улицу проводить гостей. Машина уже их ждала у подъезда.

В те времена я всех почему-то называл крокодилами. Теперь и не помню, с чего это началось, наверное, какой-то жаргон развёлся в городе (пошёл из Мазутного). Даже симпатичных девушек я тогда называл крокодильчиками.

Когда автомобильный мотор стартовал, я им крикнул: «До свиданья, крокодилы», – по-русски, конечно. Я продолжал орать им вдогонку новожаргонное до свиданья, а малогабаритная винаровская машина, набитая до отказа обитателями другого измерения, отъехала и изчезла.

– Эй, Валер, а ты знаешь, что почти такое же выражение существует и в английском языке, – поинтересовался Валера Котельников, ещё один мой друг и тёзка, когда уже орать «до свиданья» было некому.

– Нет, – сказал я. Откуда же мне это было знать, ведь я тогда по-английски не говорил совсем.

– С русского переводится так: «Си ю лейтер алигейтер». Разницы в значении почти нет. На русском «до свидания» буквально означает до следующего свидания, а на английском означает – увидимся позже, в будущем. Я тебя научу, как говорить эту фразу, повторяй за мной: «Си ю лейтер алигейтер».

Мне понравилось, как звучало на английском языке «До свиданья, крокодилы», и я повторил за Котелком ещё несколько раз: «Си ю лейтер алигейтер».

Имена Майкл Зверин и Боб Донован мне раньше не были известны. Боб был молодой парень из Нью-Йорка, очень крепкий альт-саксофонист. У Майкла были две профессии: первая это музыкант, он играл на бас-трубе, а вторая – писатель.

Статья за подписью Майкла Зверина с описанием встречи русских и американских джазменов в кафе «Молодёжное» вышла в Нью-Йоркской газете «Виллидж Войс» приблизительно через месяц после самого события и появилась в кафе чуть ли не на следующий же день, а может быть, ещё и за день до того, как попала в газетные киоски Америки. В статье было сказано, что Валерий Пономарёв играл, как Кени Дорэм (выдающийся американский трубач). Это для меня обида была ужасная. По стилю я тогда был исключительно и только Клиффорд Браун, мой абсолютный и непревзойдённый «трубный» идеал.

– Да будет тебе, Валера, хватит уже, Кени Дорэм – это не так уж плохо. Кени Дорэм ведь не только прекрасный трубач, но и личный друг Клиффорда Брауна. Автор статьи не перепутал же тебя с Руби Брафом или Гари Джеймсом или ещё с кем-нибудь в этом роде. К тому же ты ведь играл тогда ходы Кени Дорэма, – попытался меня встряхнуть Клейнот, которому уже надоело видеть меня таким подавленным.

Клейнот был совершенно прав. Как раз в те дни я разбирал и разучивал только что мной списанные соло Кени Дорэма с его пластинки, при участии Сони Роллинса, под названием «Солид». Виталий купил пластинку у какого-то фарцовщика и дал мне, как обычно, переписать её на мой магнитофон.

Так вот в чём всё дело! Похвала Майклу Зверину за такое хорошее знание классиков.

С 66 года по 72 другие обитатели джазового измерения тоже объявлялись в Москве и в каждом случае это почти автоматически означало, что в кафе «Молодёжное» или ещё где-нибудь будет организован «Джем-Сешн». Выражение «Джем-Сешн» приобретено из английского языка и означает, для джазменов всего мира, совместное музицирование.

Чарлз Ллойд со своим квартетом выступал на Таллиннском фестивале, а после фестиваля их менеджер, Джордж Авакян, за свой счёт привёз весь квартет в Москву. Первый раз в столицу приехал целый квартет выдающихся музыкантов, исполняющий авангардный, почти абстрактный джаз.

Кафе было забито до отказа. Кому-то пришло в голову показать гостям наших собственных авангардистов. Какая же это была ошибка! Только не музыканту могла прийти такая чудовищная мысль в голову. Никаких авангардистов у нас тогда не было, а были всякие музыкальные шарлатаны, которые напускали на себя вид серьёзных музыкантов и беспардонно колотили по своим инструментам. Вышли эти наши «авангардисты» на сцену, и началось. Особенно было жалко рояль, сидит за ним этот «артист» и колотит по нему изо всей силы и кулаками и локтями и струны пальцами рвёт, и всё это сопровождается изображением переживания и одухотворения. Вот он драматически голову опустил, вот он брови свёл и поднял кверху, как будто сейчас заплачет, вот он так запереживал, что даже руки бессильно опустил и постоял так некоторое время, отдохнул, а потом опять начал колотить по клавишам. Его бы оштрафовать за порчу инструмента, ан нет, великий советский джаз-критик, по совместительству представитель Большого Брата, попался на эту удочку и принимает шарлатанов за непризнанных гениев советского джаза. В цирке их номер ещё может и прошел бы, где-нибудь между выходом дрессированных медведей и кавказской конницы.

Мы с Клейнотом сидели и плевались от омерзения и поглядывали на столик Чарлза Ллойда. Он сам сидел с закрытыми глазами, вытянувшись вдоль стены, как будто замер в религиозном созерцании. А может, он и правда молился за души несчастных на сцене. Каждые две-три минуты он отвлекался от своего созерцания и одёргивал разгулявшегося Киса Джарета, который, видимо, себя за представителя другой страны не считал и не чувствовал нужды в излишней вежливости, а просто хохотал и показывал пальцем на клоунов за роялем, контрабасом и барабанами. Когда представление закончилось, Чарлз Ллойд встал во весь свой внушительный рост и подошёл к почти такого же роста главному клоуну, чтобы подарить ему партитуру одного из своих произведений. Я только успел заметить, что партитура была очень аккуратно написана. Понял ли наш «авангардист», что хотел ему сказать мастер? Вряд ли.

Потом Чарлз Ллойд со своим квартетом дали концерт в одно отделение. Сам руководитель играл на тенор-саксофоне, на контрабасе Рон Макклаур, на пианино Кис Джарет, на барабанах Джак Де Джонет. Как же нам повезло! Даже не музыкантам были известны имена участников квартета, которые постоянно фигурировали и до сих пор ещё фигурируют в многочисленных джазовых изданиях как одни из лучших в мире джаза на своих инструментах, по мнению музыкальных критиков. Авангард не авангард, а слышно было, что музыка квартета своими корнями уходит в традиционный джаз.

Потом начался долгожданный «Джем-Сешн». Все повалили на сцену. Кис Джарет к всеобщему удивлению сел за барабаны, а Джак Де Джонет за пианино, и оказалось, что оба они хорошо владели своими вторыми инструментами.

Джери Мулиган, саксофонист-баритонист номер

один, согласно обзору мнения критиков в «Даун Бит», сопровождал свою кинозвезду жену на Московский Международный Кинофестиваль, а очутился в кафе и играл с нами на альте до позднего вечера джазовые стандарты. Знаменитый музыкант приехал в Москву без своего инструмента, а мы не смогли ему во всей Москве найти приличный баритон. Зато Валя Ушаков принёс свой настоящий Сельмер Альт, Марк 6, что вполне устроило джазового гиганта.

Дюк Элингтон со своим оркестром, Тутс Стилманс с Милтом Хинтоном на басу и Беном Райли на барабанах, оркестр Тэд Джонс-Мэл Луис приезжали в Россию.

Встреча с музыкантами оркестра Тэд Джонс-Мэл Луис была организована на втором этаже одного из кафе Парка Горького. Такое было впечатление, что все московские музыканты и их друзья пытались пробраться сквозь кордон столичной милиции, которая устроила охранный пост у подножия лестницы, ведущей на второй этаж, где музыканты уже распаковывали свои инструменты. Но повезло не всем.

Чуть ли не с момента моего приезда в Нью-Йорк Билли Харпер, который тоже играл в оркестре Арта Блэки за несколько лет до меня, а в Россию приезжал как участник саксофонной группы оркестра Тэд Джонс-Мэл Луис, приглашает меня в гости посмотреть видеозапись, которую он сделал в Парке Горького в тот день. Он начал снимать, когда он и его товарищи по оркестру вышли из автобуса и направились к входу в кафе, где должна была произойти дружеская и непринуждённая встреча между Западом и Востоком.

Когда-нибудь я воспользуюсь любезным приглашением, но я и так хорошо знаю, что там на этой видеоплёнке записано. Мне много раз приходилось видеть живьём точно такие же сцены, как в документальном фильме Билли Харпера. На видеоплёнке записано, как милиционеры избивают какого-то парня с музыкальным инструментом, который пытался пробраться через границу, установленную столичными блюстителями порядка перед входом в кафе. Может быть, имени этого потенциального участника дружеской встречи не было в списке приглашенных, а может быть, бедняга от нетерпения попасть на «Джем», который должен был вот-вот начаться, просто не смог дождаться, когда безмозглые милиционеры найдут его имя в списке и позволят пройти по всем правилам, а просто полез, что называется, напролом. Так или иначе, а этому парню не удалось поиграть с американцами.

Каждый непосредственный контакт с пришельцами из джазового мира был более или менее таким же, как встреча с музыкантами оркестра Ерл «Фазер» Хайнса: пришельцы объявляются на какой-то момент, как будто материализуются из воздуха, а потом изчезают в пространстве, а мы остаёмся там, где мы и были, – в водовороте советской паранойной идеологии, когда политический трюк, напоминающий весеннюю оттепель, может в любую минуту перейти в смертельный ураган, сметающий любые тенденции, не соответствующие коммунистическому уставу.

Каждый раз после общения с западными звёздами джаза мы ходили по улицам Москвы до самого утра слишком взволнованные, чтобы заснуть. Солнце уже в небесах, а мы всё ещё на ногах, продолжая разговор.

– Как ты себя видишь в будущем? – Клей как-то спросил меня после одной из таких прогулок. – Денег никаких не заработаешь, джазовая музыка даже и не считается профессией в нашей стране. Непохоже, чтобы что-нибудь переменилось в ближайшем будущем. Что скажешь, Валер?

– Сам не знаю, – только и мог я ответить моему товарищу. – Я просыпаюсь почти каждое утро с чувством, что прошедший день был потерян, но я особенно об этом не раздумываю. Я просто хочу научиться играть настолько хорошо, насколько это возможно, и оставаться с этой музыкой, чем бы мне это в будущем ни грозило.

Никаких учебных пособий или пластинок, не говоря уже о каком-нибудь регулярном обучении джазу, не существовало в России, стране с такими богатыми музыкальными традициями. Иногда удавались прорывы на чёрном рынке. Если я ухитрялся раздобыть пластинку, то все мои друзья получали возможность её переписать и наоборот. Час джаза Уилиса Кановера по Голосу Америки поставлял много музыки. Мой коротковолновый приёмник был всегда готов вывести меня в эфир, а магнитофон, проводами подсоединённый к приёмнику, в полной готовности начать запись.

Постепенно у меня скопилась довольно большая коллекция джазовых записей на плёнках. Они занимали всю среднюю часть огромного буфета, который моя мать унаследовала от своей матери, моей бабушки.

Буфет был чудовищно огромный, но красавец, сделанный из крепчайшего дуба, отделанный разноцветным стеклом в медной оправе. Буфет высотой был под потолок и простирался почти на всю длину комнаты от двери до окна, метра четыре или пять. В левом отделении на первой полке находился обеденный сервис из фарфора, на следующей полке – чайный сервис из тонкого фарфора. На обратной стороне каждой чашечки и блюдечка стояла печать, определяющая музейную редкость, на следующей полке стояли хрустальные бокалы и фужеры, на самой верхней полке были сложены бабушкины оперные партитуры, тома с ариями и упражнениями. Мать подарила эти антикварные издания одному из музыкальных заведений Москвы, когда подошло время продавать буфет и переезжать на новую квартиру. Я уже тогда был совсем здоровый малый и жил отдельно.

Задолго до этого, когда мне ещё было только лет двенадцать, мать продала нашу картину. На холсте как живые стояли выписанные маслом величественные деревья, а между ними протекал ручей, к которому подходила девушка в сарафане, всё это было обрамлено деревянной с позолотой рамой. Одна только рама была настоящим произведением искусства. Всевозможные фрукты в изящной композиции были вырезаны из цельного красного дерева и покрыты золотой краской; удостоверение на подлинность сокровища подтверждало, что картина принадлежит перу художника Шардена.

Картина была продана вместе с рамой каким-то проходимцам, которых тогда много шастало по старым домам в поисках антиквариата и лёгкой наживы. Таких типов потом сажали в тюрьму за распродажу художественных ценностей иностранцам. «Ворюг» было двое, мужчина и женщина. Оба противные на вид. Наспех, не веря своей удаче, они упаковали только что приобретённый шедевр, запихали его в грузовик и уехали.

Через пару дней женщина вернулась и стала упрекать мою мать за то, что она продала картину так дёшево, видимо, второй ворюга забрал себе добычу и не включил её в долю. Тут же обиженная компаньонша стала присматриваться к остальной мебели.

– А не хотите ли продать вот эту вазу для фруктов? Ой, да у вас же зеркало семи огней, – она поднесла зажжённую спичку к зеркалу и посчитала, сколько раз в нём отразилось пламя.

До сих пор не понимаю, почему мать продала картину случайным людям. Деньги, как всегда, были нужны, это понятно, а ещё, я думаю, картину вообще нельзя было нигде продать, а только сдать в музей.

Когда проходимцы исчезли, мать засунула восемьсот рублей в банку и поставила её в комод. Банка эта не покидала своей полки никогда, но не думаю, чтобы рубли в ней задержались надолго.

Картина провисела на стене, над моей кроватью, всю мою жизнь. Мне так больно было смотреть на пустую стену вместо прекрасной пасторали, что я убежал на улицу и не возвращался домой до наступления темноты. Мать потом говорила, что всё время боялась, что громоздкая рама не удержится на верёвках и в один прекрасный день рухнет на мою кровать, а теперь ей будет спокойнее спать.

Всего через несколько лет я на пустующую стену надёжно прикрепил фотографии моих любимых музыкантов: Клиффорда Брауна, Чарли Паркера, Майлса Дэвиса, Орнета Колмана, Макса Роуча, Сони Роллинса, Хораса Силвера... Арта Блэки.

— Это что ли Клиффорд Браун такой симпатичный? — спросила меня мать, указывая на одну из фотографий, когда я их ещё только вывесил.

— Нет, это Майлс Дэвис, Клиффорд Браун вот этот — с трубой на пюпитре, — пояснил я матери, которая, за исключением джаза, была очень сведущей во всех главных видах искусств.

Таким же сенсационным, как появления артистов из потустороннего мира в Москве, было исчезновение с лица земли советских граждан. В первый раз я услышал о подобном происшествии, когда пропали два московских музыканта: Игорь Берукштиц, контрабас, и Борис Мидный, альт-саксофонист. Оба были известными джазовыми звёздами Москвы, если вообще тогда можно было кого-нибудь назвать звездой, и относились к более старшему поколению музыкантов, чем я и моя компания — Клейнот, Игорь Высотский, Дорохин, Лёва Задержинский, Юра Маркин, Эдик Утешев, Юра Мартынов, Валя Ушаков, Володя Васильков по прозвищу «Крэзи» и ещё много молодых талантов. С Высотским мы сидели за одной партой в десятом классе, а потом на курсах английского языка. Васильков с таким восторгом и так здорово на барабанах играл, что ему и дали за это соответствующую кличку, а он нас потом умолял:

— Прекратите меня звать «Крэзи», что вы, не можете меня как-нибудь по-другому звать что ли, ну Василёк, например.

Согласно слухам, после своего исчезновения Мидный и Берукштиц объявились целые и невредимые в Америке.

После того как «Литературная Газета» предала их анафеме, объяснение исчезновения двух граждан Советского Союза стало более или менее официальным: «Во время пребывания на гастролях в Японии в качестве музыкантов оркестра Московского цирка контрабасист и альт-саксофонист ускользнули из резиденции цирка вместе со своими инструментами и перебежали прямо в Американское Посольство». Хитроумные музыканты разработали и осуществили свой план так хорошо и естественно, что даже специально тренированный персонал, который приехал на территорию очень капиталистической страны, чтобы «помогать и заботиться» об обычном составе труппы, ничего не замечал до тех пор, когда любая помощь и вмешательство уже были бесполезны.

– Как это можно было так поступить, ведь за них столько людей поручились!– возмущалась моя мать. – Сколько голов теперь из-за них полетят!

Согласно советским законам за перебежку на Запад и предательство коммунистических идеалов виновнику полагалось семь лет тюрьмы, если бы он когда-нибудь захотел сам вернуться или если бы удалось помочь ему вернуться на Коммунистическую Родину. Семь лет в советской тюрьме!!!

А где Кунсман? Что случилось с легендарным альт-саксофонистом из Ленинграда? Как будто только вчера он и другие питерские музыканты, проездом в Москве, заходили в кафе «Молодёжное» поиграть, а сегодня его просто нету, как будто он вообще никогда не существовал. Испарился, исчез.

– Никуда он не испарился, он уехал в Израиль для воссоединения со своими миллионерами-родственниками. Если бы не родственники, он бы никогда не смог покинуть Ленинград. В Ленинграде он мог работать сколько угодно и когда угодно. – По-моему, это Егоров пытался разобраться в каких-то толках, которые уже зажужжали по кафе. – До Израиля доехал, а оттуда уже можно отправляться куда хочешь, в Нью-Йорк например.

Откуда мне тогда было знать, что слух о «родственниках-миллионерах» специально распространялся по Москве через каналы КГБ, чтобы отбить охоту у других советских граждан еврейской национальности присоединяться к исходу евреев из коммунистического плена. А исход-то уже начался.

У КГБ в репертуаре были разные сказки, не только про миллионеров-родственников. В первый месяц моей жизни в Нью-Йорке ко мне на новую квартиру пришёл приятель, тоже недавний иммигрант, Миша Брансбург. Брансбурга я знал ещё по Москве, где он был профессиональным музыкантом, Брансбург неплохо играл на барабанах в стиле Макса Роуча, а теперь изучал на фабрике Стэн Уэй науку ремонта и настройки роялей. Бывший барабанщик принёс показать мне письмо, которое он получил из Москвы от своей бывшей жены. Эта сцена у меня до сих пор перед глазами, как будто всё произошло только вчера: мой приятель сидит на диване с письмом в руках. У его бывшей половины довольно хороший почерк, читаю: «...я слышала, что Парамон погиб в автомобильной катастрофе. Как его жалко, такой был хороший парень».

Когда я после этого позвонил в Москву своей матери, она плакала навзрыд, поняв, что это мой голос на другом конце линии.

Это знакомство с методами комитета по заботе и охране своих граждан меня ещё ждало в недалёком будущем, а пока что я всё ещё был в Москве и разбирался во всяких слухах. Года через два уже никакого секрета не было, вся Москва говорила о том, что евреям официально разрешено уезжать на их историческую родину в Израиль. Хоть уехать в Израиль было не так просто, как поехать в Сочи на курорт, но люди уезжали постоянно. Всё заключалось в том, чтобы получить приглашение от своих родственников в Израиле. Приглашение это потом надо было нести в отдел виз, ОВИР, вспомогательную службу КГБ, а после этого уже просителю ничего не оставалось, как только ждать и надеяться. Если ОВИР давал право на выезд, то счастливчик прыгал до небес от радости, а если в выездной визе было отказано, то тогда власти создавали беспомощному заложнику не жизнь, а настоящий ад.

К концу того года я ходил на прощальные обеды и вечеринки чуть ли не по два-три раза в неделю. Такое было впечатление, что каждый советский гражданин еврейской национальности имел родственников на Земле Обетованной. Некоторые из гостей на этих празднествах выглядели так, будто они на свадьбе гуляют, некоторые, как будто только что сдали выпускные экзамены, другие, как будто на крестинах веселятся, некоторые, как будто участвуют в пьяном бардаке с драками, а некоторые, как будто присутствуют на похоронах.

Был у меня приятель саксофонист, забыл, как его звали, его отец был преданным коммунистом, священно верящим в победу социализма на всём земном шаре. Этот отец наотрез отказывался признать право своего взрослого сына на выезд в Израиль. До самого конца он пытался отговорить сына от полёта на самолёте Эл-Ал. Никакие уговоры, угрозы, интриги, подтасовки фактов не помогли. Мой приятель твёрдо решил взять свою судьбу в свои руки и, когда пришло время, улетел на свою новую родину. Провожавшие потом рассказывали, что старик в аэропорту не выдержал и беспомощно плакал, обнимая своего ребёнка в последний раз и благословляя его на жизнь на земле своих предков.

В один прекрасный день позвонил мой товарищ ещё со школьной скамьи Игорь Высотский:

— Валера, ты можешь сейчас к нам прийти? У нас с женой к тебе очень важное дело. Это не телефонный разговор.

Вот такая раньше была жизнь! Никто не доверялся телефонным проводам. Люди даже с глазу на глаз не говорили друг другу то, что в действительности думали, не говоря уже о том, чтобы доверять свои секреты телефонной трубке, подсоединённой к широчайшей сети проводов, которые все выходили в кабинет Старшего Брата. – Что бы это могло быть? Игорь опять напился на репетиции и его выгнали из Оркестра Радио? А может, это Ирка опять жалуется на всё подряд от туфель не того размера, которые она купила у знакомой, которая в свою очередь купила их у каких-то итальянцев, до гнилых яиц из гастронома?

– Может, завтра зайду, – ответил я без особого интереса.

– Неужели ты сейчас не можешь прийти? Это очень важно, – настаивал Игорь.

«Ну дела! Натворил он на сей раз! – понеслось у меня в голове. – И какого чёрта надо было так нажираться на радио, неужели нельзя напиться где-нибудь в другом месте, в свободное от работы время? Ведь он же сам так хотел попасть в этот оркестр! А его тёще пришлось столько усилий приложить, на что ушли её самые ценные связи, чтобы Игоря поставили на зарплату Оркестра Московского Радио. А может, как в прошлый раз, когда они с целой группой музыкантов и преферансистов напились до чёртиков и всю ночь потом шатались по Москве, сшибая каждую мусорную урну на своём пути. На следующий день, с наступлением похмелья, откуда-то взялась милиция и стало попахивать очень серьёзными последствиями. К счастью, у одного из гуляк оказались влиятельные родители и дело через пару дней замяли, а всю брашку отпустили».

«Ну ладно, надо сходить, – подумал я про себя, – всё равно пора сделать перерыв в занятиях на трубе, пока амбушюр не переиграл и губы опять не распухли».

– Сейчас приду.

Друзья мои жили на Старом Арбате, кружевной лабиринт старинных улочек и тупиков, уставленный особняками и шикарными зданиями, которые возведены были ещё до революции, – минут десять ходьбы от моего дома.

День был замечательный. Только в начале мая, когда солнце уже подсушило последние следы снега, могло так пахнуть в воздухе.

У Игоря с женой была своя комната в коммунальной квартире с высокими потолками, которые теперь можно было видеть только в старых домах. Яркие и тёплые лучи солнца светили в большие окна. Ирка оторвалась от гладильной доски, на которой была разложена какая-то тряпка, наверное, её наряд на сегодняшний вечер. Похоже было, что на сей раз Игорь не был виноват в том, что у Ирки складка на юбке выгладилась криво, а может даже, сегодня все складки и подпушки получились очень прямыми. Они оба, какие-то притихшие и мирные, сидели на диване.

– Чего случилось-то? – спросил я вместо приветствия.

– Парамон! – начал Игорь, – то, что мы тебе сейчас скажем, должно остаться исключительно между нами.

– Что происходит?

– Несколько месяцев назад мы «заправили» вызов. Он пришёл с сегодняшней почтой.

– Что?!

– В ближайшие два дня меня уволят из оркестра. Следующие два-три месяца мы будем жить на свои сбережения и, если повезёт, на случайные халтуры. А потом всё, мы отсюда испаряемся.

«Заправить вызов» на новом московском жаргоне означало, в письменной или устной форме, попросить своих родственников в Израиле прислать официальные бумаги, заверенные правительственной печатью, с просьбой к советскому правительству разрешить их московским родственникам воссоединиться с ними на территории их первозданной родины.

– Ты никогда ни о каких родственниках не упоминал ни в Москве ни в Московской области, не говоря уже об Израиле. Кроме того, ты же не еврей.

– Иркин отец был еврей.

– Ты же говорил, что Иркин отец был какой-то большой шишкой в коммунистической партии. Как же он мог тогда иметь родственников в Израиле?

– У него не было там никаких родственников.

– О чём тогда речь идёт? Куда же вы тогда заправили вызов, в гулаг архипелаг, что ли?

– Ии-гаарь, – Ирка всегда растягивала оба слога имени своего, ещё со школы, возлюбленного. Только совсем недавно они приобрели статус мужа и жены. – Ты только запутываешь Парамона. Объясни ему лучше, как это всё устраивается.

– Ну пожалуйста, всё по порядку: международные политические организации, включая «Комитет по борьбе за права человека», выработали с Советским правительством договор – поставки пшена из Америки имеют к этому договору прямое отношение, – согласно которому все евреи, желающие уехать в Израиль, должны получить разрешение на выезд. За выполнением условий этого договора Западная сторона следит очень внимательно. Израильтяне открыли правительственное агентство в Тель-Авиве, которое занимается оформлением и высылкой пакетов с приглашениями, на которые ставится сургучная печать с правительственным гербом. Для тех, у кого есть в Израиле близкие родственники, процедура очень простая – потенциальный кандидат на выезд связывается со своими близкими в Израиле и просит их пойти в агентство, чтобы заполнить необходимые анкеты. Если у желающего уехать там никого нету, то ему надо обратиться за помощью к людям, которые уже получили разрешение на выезд, или к еврейским активистам из Московской синагоги. А потом тоже всё в общем-то просто устраивается. Новые иммигранты с радостью берут с собой имя и адрес человека, почти всегда с семьёй, который обратился к ним за помощью. А потом, по приезде в Тель-Авив, относят записку с необходимыми объяснениями в агентство. В агентстве находится бесконечный список израильтян, которые ждут возможности объявить себя родителями, братьями и сёстрами, тётями и дядями тех, кто жаждет вырваться из коммунистического рая. У них там вся страна охвачена патриотической идеей высвободить своих и помочь им переехать на историческую родину. Для этого здесь несколько причин: ясно, что для русских евреев это возможность соединиться со своей нацией, внести вклад в строительство своей собственной страны, избежать возможных преследований, которые могут начаться в любое время, да и просто уехать на Запад и жить по стандартам свободного и современного общества, где не надо поклоняться никаким догмам, переносить постоянные нехватки всего, даже самых необходимых вещей. О роскоши уже говорить не приходится. Для израильтян это возможность увеличить своё население и укрепить свою армию перед лицом арабской угрозы. Сейчас население Израиля составляет приблизительно шесть миллионов человек. Половина из них евреи, а другая половина, почти половина, хочешь верь, а хочешь нет, арабы, которые ещё догоняют евреев по количеству. Это в еврейском-то государстве! Ты знаешь, что это значит? Голда Меир недавно сказала, что она боится проснуться в один прекрасный день в стране с арабским большинством. Так что ей предоставляется шанс перевести баланс в свою пользу. Так или иначе, а у почтовых служб обеих стран теперь очень много работы по доставке огромному количеству людей шанса жить, как им пожелается. После того как заявление сдано в ОВИР...

– Игорь его всегда называет Тель-Авир.

Никогда я раньше такого не видел, чтобы Игорь так долго говорил в присутствии своей лучшей половины и чтобы она его не перебила.

– Можно продолжать?

Ну, сейчас начнётся – и испорченная складка на юбке и всё остальное. Я был в полной готовности к самой логичной эскалации выяснения отношений между возлюблёнными, но на сей раз её не последовало и шторм прошёл стороной доставлять свои разрушения куда-то в другое место.

– После того как заявление сдано в ОВИР, уходит месяца два на его рассмотрение и податчик заявления уезжает. Почти для всех дело кончается тем, что они получают выездную визу, но есть и исключения. Выдающиеся учёные, большие партийные деятели, личный состав армии и флота не получают разрешения на выезд. Как только что-нибудь такое произойдёт, тут же Международный Комитет по борьбе за права человека вступает в действие. Все западные средства информации сообщают о притеснении граждан в СССР. В Москве ты об этом ничего не слышишь, а на Западе имена наших отказников склоняют по всем каналам радио и телевидения, печатают во всех газетах и журналах. Дело в том, что договор с международными политическими организациями настолько важен для кремлёвских воротил, что им приходится уступать под нажимом с Запада и отпускать кое-кого из отказников. Ты же слышал о диссидентах и отказниках. Мы с Иркой в эту категорию не входим. Я так рассчитал, что через пару месяцев нас уже здесь не будет.

– Счастливчики! Я так за вас рад и так вами горжусь! – Я был просто поражён – всего только через два месяца мои друзья исчезнут так же, как и многие другие москвичи.

– Парамон! Ты первый, с кем мы поделились новостями. Мы были совершенно уверенны, что ты поддержишь наше решение.

– Послушайте, у меня у самого, может быть, есть родственники на Западе, может быть, во Франции. Семья моей бабушки с материнской стороны вынуждена была бежать от революции. Моя фамилия по матери Лавров. Многим тогда пришлось или бежать или оставаться в матушке России на милость большевиков. Как насчёт других национальностей?

– Очень маленькая эмиграция в Западную Германию и только для тех, у кого там есть ближайшие родственники. Ещё я слышал, что вроде украинцам разрешают ехать в Канаду, но только к отцам или матерям и всё. Если бы на всех распространялся этот эмиграционный закон, то никого бы не осталось в Советском Союзе строить коммунизм. Слышал новый анекдот? «Косыгин разговаривает с Брежневым: – Леонид Ильич! Очень много людей уезжает, если так будет продолжаться, то скоро во всей стране только вы да я останемся. – Брежнев отвечает: – Я с вами здесь не останусь, товарищ Косыгин».

Выслушав анекдот, я расхохотался. Ну только представить себе – не соображающий ничего, дряхлый от старости Брежнев, которого выдают всему миру за всемогущего коммунистического бога, правящего всеми национальностями Советского Союза, простирающегося на двенадцать временных поясов, чтобы он переехал в крохотную страну Израиль перестреливаться с арабами.

– Это анекдот, а мрачная реальность заключается в том, что я застрял здесь гнить без какой бы то ни было возможности жить, как полагается джазовому музыканту.

– Может быть, и нет. Во-первых, ты должен забыть о своих родственниках, которые, может быть, объявятся где-нибудь на Западе. Даже если кто-нибудь и отыщется с такой фамилией, после стольких лет это будут очень далёкие родственники, к тому же очень мало вероятно, чтобы они согласились на такие большие хлопоты и пригласили к себе в дом человека, которого они никогда в глаза не видели. Гораздо более реально заявить, что ты еврей.

– Я не могу этого сделать, меня в тюрьму за это посадят.

– Совсем не обязательно. Яхот говорит, что в этом ничего особенного нет.

– Кто такой Яхот?

– Ты его видел в «Молодёжном» много раз. Ты просто не знал, кто он такой. Он большой любитель джаза и ему очень нравится, как ты играешь.

— Мне кажется, я знаю, о ком ты говоришь, худой такой с аскетическими чертами. Одежда на нём всегда висит, всё желто-зелёную папку с собой носит.

— Точно, это он. Он еврейский активист, помогает потенциальным эмигрантам выезжать как можно легче и спокойнее. Это он нам помог. Ты знаешь, Яхот настоящий герой. КГБ всё о нём знает, кто он такой и чем он занимается, но пока что не вмешивается, поскольку квота ещё не выполнена. Двери могут захлопнуться в любую минуту, и если он всё ещё будет на этой стороне, то его ждут очень большие неприятности. Хочешь верь, хочешь нет, а мы с ним о тебе уже много раз говорили. Яхот утверждает, что поскольку твой отец пропал, когда тебе было только несколько месяцев, ты можешь спокойно заявить, что он был еврей и его родственники живут в Израиле. Можешь не сомневаться, первым делом по приезде в Тель-Авив мы с Иркой отнесём записку с твоим именем и адресом в агентство и ты получишь приглашение в положенное время. Напиши в анкете эту историю с отцом и вместе с заявлением сдавай. Хотя КГБ и знает, кто был твой отец, и что ты русский по национальности, и что версия в заявлении поддельная, они тебя отпустят. Им гораздо удобнее заполнить списки отъезжающих музыкантами вместо физиков с мировыми именами. Яхот знает все заковырки, входы и выходы по оформлению документов, он говорит, что это на сто процентов безопасно. Если тебе не дадут выездную визу, к примеру, то твоё имя автоматически идёт в Западные газеты и начинается очередной скандал, Советский Союз обвиняют в притеснении человеческих прав и так далее. Тель-авивское агентство прилагает огромные усилия, чтобы доставить каждого потенциального эмигранта в Израиль.

— Я понимаю, Брежнев и Косыгин не хотят никаких неприятностей из-за какого-то трубача.

— Совершенно верно, тебя отпустят без всякой задержки. А пока общайся как можно больше с отъезжающими и подающими заявления, ну и с Яхотом, конечно. Они тебя научат, как правильно заполнить телегу – Игорь любые анкеты и официальные бумаги называл телегой – и как вести себя в ОВИРе. Когда ты уже окажешься на Западе, то там ты спокойно можешь рассказать эмиграционным властям правду и они тебя отпустят на все четыре стороны. Мы с Иркой решили пожить один год в Израиле, акклиматизироваться в жизни за стенами Большой Клетки, а потом мы будем готовы переехать в Нью-Йорк, с тобой увидимся. Ведь ты же в Нью-Йорк поедешь.

Да, Игорь знал, что у меня было на уме.

С этого момента события сменяли одно другое, как рамки в калейдоскопе. Через пару дней, точно по графику, Игоря уволили из Оркестра Московского Радио, потом туда-сюда, пара халтур и уже наступило время ехать в аэропорт, провожать моего школьного товарища в капиталистические дали.

Следующий набор рамок: толстый конверт с красной сургучной печатью в моём почтовом ящике, обратный адрес – Петтах-Тиква, Израиль. Вторая рамка – сдача анкеты и заявления на выездную визу. Третья рамка – меня увольняют из МОМА (Московская Организация Музыкальных Ансамблей), следующая рамка – письма из капиталистической дали, потом какая-то клякса из всяких халтур в ресторане на окраине города, загородные веранды. С рестораном мне повезло, руководитель оркестра разрешил мне играть за чаевые, как внештатному подёному работнику. Потом оказалось, что руководитель этого оркестра сам заправил вызов и через пару месяцев тоже был уволен из МОМА. К тому времени я уже был в стремительном водовороте получения визы, уплаты за временное удостоверение личности, подтверждающее, что я отказался от Советского гражданства, получения билетов, паковки багажа и т.д. Стремительный водоворот стал все больше походить на зажигание горючего в ревущих моторах межпланетной ракеты, когда из-под неё валит дым и огонь. Я уверен, что кто-нибудь помог руководителю оркестра так же, как он помог мне, насколько это было возможно при существующих тогда обстоятельствах.

Чтобы заплатить за новые документы, я вынужден был продать мой «Конн Директор», сияющую лаком, прямым ходом с чёрного рынка, трубу со словами «сделано в США» на раструбе. Один только округлых форм футляр, сделанный из крепкого пластика, с алюминиевой окаёмкой, был настоящей диковинкой в Москве. Один раз на эскалаторе метро я слышал, как девушка говорила своему парню: «Тебе бы такой чемоданчик».

Я всё равно не мог провезти «Конн Директор» с собой через границу, поскольку американские товары официально не продавались в Советском Союзе и поэтому находились в одном списке с антиквариатом, иконами, произведениями искусства, редкими книгами и другими многочисленными предметами, запрещёнными к вывозу из страны.

Ничего, ничего, скоро я смогу себе купить трубу фирмы «Бах» или настоящий «Мартин Комити» или, может, даже «Конн Констелейшн». А пока пришлось купить на первое время «Вельткланг» производства братской и дружественной Восточной Германии. По качеству «Вельткланг» был не намного лучше, чем трубы, сделанные в Союзе, которые собирали на конвейере мебельной фабрики. Товары дружеских социалистических стран тоже было не так-то просто купить в столице самой социалистической из всех социалистических стран, но, во всяком случае, их можно было провозить через границу без всякого специального разрешения.

Подача документов не обошлась без соответствующих событию переживаний. В глубине души я знал, что мне ничего не грозило, но вступать на территорию КГБ под любым предлогом было всё равно что ходить по предательскому весеннему льду. В полном соответствии с инструкциями моего консультанта Виктора Яхота я заполнил анкету в несколько страниц. На последней странице пришлось писать объяснение о том, как мои «родственники», от которых пришло приглашение, очутились на Земле Обетованной и стали израильскими подданными. Тут надо было поднапрячь воображение, а воображение моё к тому времени уже было развито довольно прилично, чтобы свести концы с концами. Виктор внимательно просмотрел мою домашнюю работу и после двух-трёх незначительных поправок сказал, что объяснение получилось хорошо.

Говорят, что человеческая память сохраняет только положительные воспоминания и переживания, но я очень сомневаюсь, чтобы когда-нибудь истёрся из моей памяти облик женщины-офицера КГБ, имя которой по удивительнейшему совпадению было Израилова, принимавшей мои документы. Крупная, крепкая, с плечами и грудью в два раза больше моих, женщина в форме капитана. Пролистав пару страниц авторской копии моего сочинения на заданную тему, она сняла очки и повернулась ко мне...

– Как же это вы, русский по национальности, пишете здесь, что у вас есть родственники евреи в Израиле?

От этого вопроса я почувствовал, что проваливаюсь сквозь пол кабинета и в это же время мои зубы вместе с корнями отделяются от челюстей.

Только ещё один раз в жизни я пережил такое же ощущение, когда, много лет спустя, я вёл машину из Бруклина в Манхэттен. После резкого поворота с «Дороги к океану» (Оушен паркуэй) на «Бруклин-Куинс Экспресс» я увидел в нескольких метрах перед собой безжизненный корпус автомобиля и двух парней, мексиканцев на вид, с домкратом и шиной. Какая уж там у меня была первая реакция, не знаю, но я ухитрился на скорости 55 миль в час объехать этих лунатиков и избежать катастрофы. Давление в корнях моих зубов, граничащее с болью, немного спало только через минут десять езды по пустому шоссе. Ещё некоторое время мне казалось, что мои верхние передние зубы не выдержат компрессии и выпадут из дёсен.

Эмигранты, эти эмигранты! Не водили никогда машин в своих странах. Надо было просто съехать на обочину и уж тогда менять шину.Чуть-чуть бы руль у меня ускользнул, и валялись бы мы все трое в крови, разбросанные по шоссе. Вот дурьё, такую простую вещь не знать! Без сомнения, это были недавние эмигранты, я их сразу узнал, сам был таким, когда приехал. Точно так же Миша Брансбург, Игорь Высотский и я безмятежно меняли шину прямо посередине скоростного шоссе, когда наш американский возраст ещё был совершенно младенческим. Мы все к тому времени прожили в Америке только свои первые несколько месяцев. Никто из нас машину в Союзе не водил.

За годы, прошедшие с тех пор, моё владение английским языком, включая американские ругательства, здорово продвинулось. Теперь я мог себе представить, какими чертями нас поносил полицейский, с выпученными от ужаса и изумления глазами перегородивший часть шоссе и отогнавший нас на обочину.

— Полное объяснение приведено на последней странице, — каким-то образом я ухитрился ответить ровным голосом, уставившись в стеклянные глаза удава на круглом, без каких бы то ни было признаков эмоций, лице. Женщина-офицер повернулась обратно к своему столу и погрузилась в чтение, а я продолжал падать сквозь пол в полной уверенности, что в любую минуту дверь в дальнем конце кабинета откроется и из неё выйдут два мордоворота, точно как в кино, и скомандуют мне следовать за ними. Моя жизнь, какой она до сих пор была, подходила к концу. Ни Америки, ни джаза, ни Арта Блэки не было и теперь уже никогда не будет. Израилова шевельнулась. Сейчас она нажмёт кнопку. Медленно, жёлто-зеленые погоны на плечах в одну линию, с видом человека, принявшего решение, она повернулась ко мне.

– Это хорошо, – сказала Израилова, указывая на последнюю страницу. – Я передам ваше заявление по инстанции. Ответ придёт по почте через пару месяцев.

Мне показалось, что я заметил какие-то признаки уважения в её облике. То ли в голосе, то ли в выражении лица, которое больше не выглядело, как застывшая маска, то ли в глазах, больше не похожих на две стеклянные пуговки на лице матрёшки. Теперь она больше походила на живое существо, чем на заведённого робота.

Через пару дней, в бесконтрольной истерике, голос моей матери в телефонной трубке потребовал моего немедленного прибытия на её квартиру.

– Как ты только мог написать такую чудовищную ложь о своей собственной матери? Как у тебя только рука повернулась? О каком таком Израиле речь идёт? Там всегда война. Мне уже достаточно войн. Я уже достаточно войн пережила. – У моей матери началась истерика, когда я вошел. – Никуда ты не поедешь, я этого не разрешаю! Я этого не допущу! Мне позвонили и сказали, чтобы я пришла в агентство. Я туда поехала, ты сам знаешь, о каком агентстве я говорю. Эти люди заставили меня читать твоё объяснение. Как ты мог так поступить!? Никуда ты не поедешь! Офицер сказал, что виза выдаётся только с разрешения родителей.

– Они тебе много чего скажут. Мне уже больше восемнадцати, и я имею полное право принимать такие решения сам.

– Они тебя в тюрьму засадят за попытку нелегально получить заграничную визу. Ты будешь сидеть в Бутырке, а не болтаться с Артом Блэки и Майлсом Дэвисом по Манхэттену. А что, Фрэди Хабарт тебя там тоже поджидает? Никуда ты не поедешь!

Моя мать явно не понимала ситуации, и мне пришлось просветить её в области механики и процесса получения выездной визы, чтобы ей стало понятно, откуда взялись приглашение и «родственники» из Петтах-Тиквы, а насчёт политической обстановки ей ничего не надо было рассказывать, она, сотрудник ТАССа с двадцатилетнего возраста, её знала не хуже Яхота.

– Ты никуда не поедешь! Я никаких бумаг не подпишу!

– Людмила, – вмешался муж моей матери Марк Степанович, многократно награждённый герой Отечественной войны, – ты лучше нас всех знаешь, раз такое дело пошло в ход, его надо доводить до конца. Валерию лучше эмигрировать, пока это ещё возможно. Здесь ему уже лучше не оставаться.

Постепенно мать затихла. Через два дня она позвонила сказать, чтобы я принёс бумаги на подпись. Тут она не выдержала и расплакалась горькими, беспомощными слезами.

– Кто-то меня подслушал, когда я, ослеплённая гневом из-за твоего нового хулиганства, кричала на тебя и грозила, что ты никогда не будешь стоять у моей могилы. Помнишь, как в пятом классе ты украл провода от школьного кинопроектора, а потом со своими дружками пробрался в проекторную комнату смотреть кинофильмы и вас застукали? Господи, прости меня грешную! – сквозь всхлипывания вспоминала прошлое моя мать...

Правильной линии поведения, согласно Яхоту, было держаться подальше от своих друзей, чтобы не навлечь на них подозрения Старшего Брата и вообще не привлекать к себе внимания. Так я и делал. Тем не менее слух о том, что Парамон уезжает, становился всё назойливее. Кто в это верил, кто нет, кто думал, что это какая-то шутка, а кто и вообще не обращал на это никакого внимания. В один прекрасный день Гога, Коля «Луна», Россин, Лёва Коробитцын – один из самых важных членов нашего клана – прибыли на мою жилую площадь.

– Ты что, пропал с лица земли что ли или как это понимать? – Гога был в подавленном настроении и пьян. – Что это за слух такой, как это может быть?

Я промолчал.

– Я знаю, когда это всё началось, – сказал Лёва, – когда в прошлом году он опять бросил пить и стал бриться каждый день.

– Он тогда ещё на английские курсы поступил, всё заучивал чёрт знает по скольку слов в день, – прибавил Гога. – Ну, как там жизнь-то на той стороне?

Молодожёны писали регулярно, в основном одно письмо на всех по адресу Игоревой тёщи. Каждый раз, когда приходило письмо, она устраивала небольшой сбор гостей. Из писем мы узнавали, что жизнь была хороша. С первого же дня Игорь со своей возлюбленной вселились в прекрасную квартиру, предоставленную им правительственной программой по приёму новоприбывших. То же самое и с работой – почти сразу Игорь начал работать два-три раза в неделю с местными джазменами в ночном клубе и ещё выступать на концертах с популярной израильской певицей. На первом же концерте Игорь случайно сказал в микрофон русское слово «жопа». Сначала он очень смутился, а публика наоборот очень развеселилась, подхватила слово и стала его скандировать. Игорь тут же стал знаменитостью. Потом следовали описания высокого уровня жизни.

В последнем письме Игорь с Иркой писали, что они не подписывались ни на какие заёмы и таким образом сохраняли себе возможность уехать в Америку до исхода первых двенадцати месяцев, после которых новоприбывшие становились, по заведённому порядку, гражданами государства, окруженного арабами, со всеми вытекающими из этого последствиями. Одна из страниц этого письма была озаглавлена: «Для Парамона».

«Парамон! когда ты сойдёшь с самолёта в Вене, там будет Израильский представитель, приятный старичок – русский еврей. Он будет встречать тебя и других эмигрантов, едущих в Тель-Авив. Когда он обратится к тебе, пошли его на три буквы. Его обязанность заключается в том, чтобы собрать у всех вас документы и переправить в

Замок Шенау, недалеко от аэропорта. Это пересадочный пункт. Замок огорожён колючей проволокой и окружён автоматчиками. Сам понимаешь, что угроза террористического акта везде, а тем более там, очень реальна. Когда через пару дней набирается достаточно народу, чтобы заполнить самолёт, пассажиров, в полной секретности, ночью, везут обратно в аэропорт, а там, под покровом темноты, самолёт выруливает на взлётно-посадочную полосу и отправляется в Израиль. Если ты едешь прямо в Америку, НЕ ДАВАЙ старику свои документы. Настаивай, чтобы тебя представили Австрийским Эмиграционным властям, и им объясни свою ситуацию. Они тебя переправят в лагерь для беженцев, а оттуда ты уже можешь ехать куда хочешь. Иначе ты окажешься на Земле Обетованной и потеряешь много времени, а то и вовсе не сможешь оттуда выбраться. Желаю удачи».

В тот вечер в гостях были ещё пара музыкантов, пианист и барабанщик, Юра Кушнир с какой-то красавицей и знакомый хозяйки раза в два её моложе. Пианист тоже подал документы и ждал решения из ОВИРа со дня на день. Иркина мать стала нас просить что-нибудь сыграть. Трубы у меня с собой не было, и я решил спеть. Дня за два до этого я выучил слова на английском языке к «Уотс Нью». Мне вообще-то эта песня очень нравилась, а в исполнении моего кумира Клиффорда Брауна со скрипичным оркестром это был просто шедевр. Петь я никогда не стеснялся. В музучилище мне даже предлагали посещать, параллельно с занятиями на трубе, хоровое отделение.

Пианист сел за старенькое фортепьяно, развернул доминанту, и песня поехала. Слова к песне тоже были замечательные: двое, после долгого перерыва, случайно встречаются. Пытаются говорить о пустяках, а сами с трудом скрывают вырвавшиеся из-под укрытия чувства. Ну, одним словом, любовь. Опять эта любовь, никакой на неё управы нет!

Я пел слова, которые автор из капиталистических далей посвятил чёрт знает кому, а сам думал о Комарухиной, которую приходилось оставлять в Москве и похоже что навсегда.

— Ой, Парамон, тебе надо побольше петь, у тебя очень хорошо получается, — всплеснула руками одинокая тёща. Плохо было ей. Тут она совсем расклеилась.

— Почему вы мне линию не даёте? — немного позже, этим же вечером, пыталась она добиться толку от безымянной операторши международной линии. — Мы здесь тоже не дураки, я на вас управу быстро найду. Я мать, мне нужно с дочкой поговорить!

Когда все стали уходить, она чуть ли не силой пыталась оставить своего знакомого, но тот после довольно долгих увиливаний всё-таки ускользнул в дверь. Это был последний раз, когда мы собирались у Игоревой тёщи.

Не успел я оглянуться, как уже пошёл последний отсчёт перед командой «Включить моторы. Взлёт!», — десять, девять, восемь — сижу в такси по пути во Внуковский Международный аэропорт. Стоп, надо позвонить. Набираю Гогин номер — телефон отключён. Звоню Коле «Луне».

— Валерка, это ты что ль? А Коли нет дома, — тётя Катя, его мать, подняла трубку.

— Тётя Катя, я звоню попрощаться. Пожалуйста, скажите Коле, Гоге и всем остальным...

— Мы знаем, мы знаем. Когда ты уезжаешь-та?

— Сейчас, я по дороге в аэропорт.

— Ой, Валерка! Коли дома нету. Благослови тебя Господь. Дай тебе Бог, чтобы ты тоской по России не мучился.

— Спасибо, тётя Катя. Благослови Господи вас всех тоже. Мне надо бежать, такси ждёт. Прощайте.

...Пять, четыре: прохожу таможню. — Одну минуточку, не так быстро, — сказал пограничник и забрал мою трубу.

— Почему я не могу взять с собой мою трубу?

— Это предмет иностранного производства, на него нужно разрешение на вывоз из бюро по проверке и оценке иностранных товаров.

– Я был в этом бюро. Мне сказали, что на товары социалистических стран никакого разрешения не надо.

– Неправильно тебе сказали.

– Как же я без трубы поеду?

– Вы принимаете решение опоздать на самолёт и остаться?

...Три, два, один: моторы взревели, взлёт.

Почти все места на ТУ-104 компании «Аэрофлот» были заняты эмигрантами в Израиль с пересадкой в Вене. Для большинства пассажиров это был первый международный полёт, а для некоторых просто первый полет куда бы то ни было. Часа через два после взлёта в салоне объявили: «Мы пролетаем над границей Советского Союза». В разных углах самолёта разразились было и тут же затихли праздничные возгласы, и над пассажирским салоном воцарилась гробовая тишина.

...Одна шестая всей земной суши, Россия Матушка – любимая, ненавидимая, богатейшая, нищенствующая, самая изобретательная, самая тупая, щедрая, жадная, властвующая над миром, рабыня, всепрощающая, мстительная, могучая, обескровленная, набожная, святая, погрязшая в атеизме, привлекательная, отвратительная, любящая мать, злая мачеха, пьяная, трезвая, психованная, отзывчивая, больная всеми болезнями мира, пышащая здоровьем, героическая, предательская, буйная, тихая, воинствующая, мирная, жестокая, ласковая, уязвимая, безопасная, преклоняющаяся перед законом, преступная, очевидная, загадочная, наивная, изысканная, отсталая, космическая, чистейшая, изгаженная, благородная, падшая, разрушенная, навечно молодая красавица, её длинная бурная история, все двенадцать поясов времени, брошенная, больше не твоя, – была позади. Явные звуки всхлипывания нарушили мёртвую тишину, затем возобновились «празднования», а ТУ-104 со скоростью 900 километров в час продолжал свой полёт в западном направлении, дальше и дальше от границы.

В точном согласии с описанием Игоря при входе в зал ожидания стоял маленький старичок и собирал у всех документы.

— Вы последний в очереди, должно быть, это вы Валерий Пономарёв. Добро пожаловать, — сказал старичок на чистом русском языке, сверяясь со списком. — Пожалуйста, дайте мне ваши документы.

— Я не могу вам отдать мои документы, — сказал я ему вежливо и объяснил почему.

— Ой, пожалуйста, не устраивайте никаких сцен. Австрийское правительство очень неохотно разрешает нам пользоваться их территорией. Если мы им создадим какую-нибудь проблему, нас попросят уйти. Пожалуйста, проходите вместе со всеми, а потом мы всё сделаем, как вам хочется.

Я понял, что создаю старику большую проблему. Он продолжал умолять и упрашивать, а я продолжал думать о своём: никуда, кроме мировой джазовой штаб-квартиры, я ехать не собирался. Почему теперь я должен поступаться своим правом выбора да ещё после всего того, что я пережил? В письме специально было сказано: «НЕ ДАВАЙ» именно этому человеку свои документы, иначе ты окажешься очень далеко от того места, куда ты собирался.

— Извините меня, но я не могу вам отдать мои документы, — я не хотел разочаровать старика, но пришлось.

— Тогда вам придётся пройти по этой лестнице на второй этаж и подождать в зале для транзитных пассажиров. Ответственному за радушный приём на западе тоже ничего больше не оставалось.

Зал для транзитных пассажиров был заполнен путешественниками. Огромное табло высвечивало расписание самолётов в Калькутту, Анкару, Рио-де-Жанейро, Бомбей, Рим, Берлин, Лондон, Сантьяго, Аддис-Абебу, Сидней, Дели, Токио, Копенгаген, Нью-Йорк, Монреаль, Бостон. Пассажиры поглядывали на табло в ожидании самолёта, который доставит их по назначению. Только мне некуда было деваться. В одном я был абсолютно уверен: никто меня не отправит обратно в Союз. Минут через десять я услышал топот нескольких пар ног, поднимающихся по лестнице.

Сначала над перилами появилась большая голова. За ней чудовищных размеров плечи, наверное, в два-три раза шире, чем у Израиловой, потом грудь размером в два молочных бидона, потом огромный живот с пивную бочку величиной. Ещё пара шагов и настоящий великан в желто-зелёной рубашке материализовался наверху лестничной площадки. С ним был невысокий, вертлявый малый и мой друг из комитета «Добро пожаловать на Запад». Рубашка на гиганте была, наверно, размера XXXXXL, но всё равно туго его обтягивала и грозила лопнуть в любую минуту. Я поднялся со своего сиденья до того, как глаза старика нашли меня в толпе.

– Я работаю в охране аэропорта, – сказал великан по-английски и протянул руку, – дайте мне ваши документы.

Я раскрыл рот, чтобы объяснить, что я беженец, а не эмигрант, но не успел сказать и слова.

– Мне ничего знать не нужно, мне только нужны ваши документы, – прервал меня офицер охраны, рука всё ещё протянута ко мне.

Я и не собирался ни с кем спорить. Я только думал, что это и есть тот самый момент, когда надо было выложить хорошо заученную на английском языке речь. Он представитель австрийской эмиграционной власти или нет?

– Дайте мне ваши документы, – повторил гигант. На сей раз в его голосе явно послышалось раздражение.

Что мне ещё было делать? Я достал из бокового кармана пиджака временное удостоверение личности и вложил его в протянутую лапищу.

– Вот и хорошо, – сказал офицер и тут же одним движением передал мои документы старику.

– Всё будет в порядке, не беспокойтесь, – уверял меня мой новый знакомый, когда мы спускались по лестнице.

Действительно, в Замке Шенау со мной обращались очень хорошо. Не помню теперь, что подавали на обед, только помню, что пища была очень вкусная. Меня посадили отдельно от всех остальных эмигрантов. Некоторые из них подходили ко мне узнать, в чём дело. Я всё объяснил. Почти каждый из подходивших говорил мне, что не собирается оставаться в Израиле дольше, чем двенадцать месяцев, а поедет в Америку, некоторые собирались в Канаду или Австралию. Все мне от души желали удачи. После обеда меня пригласили к заведующему в кабинет.

– Почему вы не хотите ехать в Израиль? – спросил меня заведующий, мужчина средних лет в штатской одежде, желто-зелёный галстук на нём сидел совершенно естественно. По-русски он говорил очень хорошо, с едва заметным акцентом.

– Я не еврей, – сказал я и объяснил всю историю с вызовом.

– Совсем не обязательно быть евреем, чтобы жить в Израиле. У нас в стране живёт много разных национальностей. Кроме того, мы любим джаз. Один из ваших соотечественников, джазовый артист Эмиль Горовец, только что приехал в Израиль. Его первый концерт привлёк тысячи слушателей. Может, вы у него будете играть в оркестре.

Заведующий имел очень маленькое представление о джазе, это было сразу ясно. Я ему объяснил, что хоть Эмиль Горовец и был очень хорошим и заслуженно популярным артистом, но к джазу он не имел никакого отношения, и ещё раз подчеркнул, как важно для меня попасть в штаб-квартиру мирового джаза – Нью-Йорк.

– Так ты просто воспользовался нашей страной, чтобы убежать из Советского Союза.

– Наверное, можно использовать такое выражение, но это был мой единственный шанс на успешный побег. Я думал, что на Западе можно рассказать всю правду и никто меня за это не осудит.

– Это хорошо, это я уважаю. Конечно, никто тебя за это не осудит. Дай-ка я позвоню в местное отделение Комитета по спасению беженцев, может, они ещё открыты.

Через час после нашего разговора я сидел со своим багажом в машине, проезжавшей через ворота замка, мимо постовых с автоматами, в Вену.

Много лет спустя, в 1996 году, я приехал в Израиль выступать на Международном Джаз-фестивале в Тель-Авиве. Мне там очень понравилось, и я с удовольствием туда опять поеду, может быть, в этом году.

В данный момент я нахожусь в своей Нью-йоркской квартире и пишу следующую главу.

На обратной стороне звука

Долгожданный день наступил. Я в группе эмигрантов, которые находятся под ведомом Итальянского филиала Интернационального комитета по спасению Беженцев. С нами доктор Корач – директор филиала. Мы едем в один из двух римских аэропортов – «Леонардо да Винчи». Двухмесячные каникулы в Италии, месте моего первого перевода после успешного побега из Советского Союза, подходили к концу. Стоял прекрасный октябрьский день: 25 градусов тепла, яркое солнце и ни одного облачка в голубых небесах. Такое впечатление, что в небесах над Апеннинским полуостровом облака вообще никогда не собираются. Хотя туристы и отдыхающие больше не показывались на пляжах, погода всё же была прекрасная по чьим угодно меркам, а для меня, москвича, такие атмосферные условия в октябре были просто верхом совершенства.

До свидания, Италия и мои новые итальянские друзья! Накануне вечером они закатили шикарный прощальный ужин, который продолжался до самого утра. За сборами и прощаньями мне не удалось заснуть совсем. Где-то в закоулках моего сознания притаилась уверенность, что я буду скучать по итальянцам и их стране, но передний план был полностью занят ближайшим будущим, которое ожидало меня всего через несколько часов на другой стороне Атлантического океана.

Место назначения – Америка! Страна свободы и процветания, Нью-Йорк, Бруклинский Мост, небоскрёбы, звуки джаза, льющиеся из всех окон и дверей, клиенты в парикмахерских, бренчащие на банджо блюз в ожидании своей очереди, домохозяйки, выводящие на саксофонах «Караван» в свободное от кухни и прачечной время, дети, шлёпающие по утрам в школу с «Сельмер-саксофонами», бутербродами и трубами «Бах», Арт Блэки, Хорас Силвер, Сони Роллинс, Макс Роуч – величайшие звёзды джаза, мои кумиры. Много чего уживалось в моём воображении. Кое-что оказалось в реальной жизни точно таким, как я себе это представлял, а кое с чем я до сих пор не могу примириться.

Всем нам, подопечным Международного спасательного комитета, доктор Корач подарил от имени своего учреждения красивые наплечные сумки с буквами МСК на внешней стороне. Ещё только минуту назад пассажиры с наплечными сумками шумной и взволнованной группой продвигались в толпе народа, забившей зал ожидания, а теперь были поглощены Боингом-707 в его громадное брюхо. К тому времени я ни разу не летал в самолёте таких размеров. Оставалось только устроиться поудобнее в кресле у окна. Это был мой первый из, как потом оказалось, бесчисленных перелётов через Атлантический океан.

Но видеть и даже близко подойти к такой же громадине, пожалуй, даже больших размеров, мне приходилось.

Когда я и мои приятели, целая компания начинающих музыкантов, были ещё фактически детьми, мы впервые поехали на юг, играть на Черноморском летнем курорте. По приезде мы сняли верхний этаж двухэтажного дома на верхушке холма, возвышающегося над почти заброшенным старым аэродромом. Никакой охраны там никогда не было, и мы быстро привыкли, несмотря на предупреждения не очень-то строгой администрации аэропорта, мотаться взад и вперёд, когда нам было угодно, через взлётно-посадочную полосу прямой дорогой к приморскому городку, где жили отдыхающие. Уж очень неохота было бегать на пляж обходной дорогой и убивать лишних полчаса. Там мы каждый вечер играли на танцевальной веранде, которая представляла собой земляной пол, огороженный деревянным забором.

Как-то утром я, Виталий Клейнот – наш тенор-саксофонист и музыкальный лидер, Саша Терехов, какие-то три девушки и, кажется, Борис Россин отправились на пляж. Саша был не намного нас старше, но уже здорово научен горьким опытом работы в принудительных трудовых лагерях. Никто не был от них застрахован, все это прекрасно понимали. В этом заключалась сущность советской системы, которая могла существовать только за счёт бесплатного труда своих граждан, в особенности в тех местах, куда никто ни за какую зарплату не поедет. Россин загремел туда очень скоро, а Виталий, когда я уже был на Западе. Но в те дни мы помогали Саше набраться сил и пожить как можно безмятежнее после своего злоключения.

Разумеется, нам не терпелось повыпендриваться перед девушками, и мы направились кратчайшей дорогой: вниз по склону холма к аэродрому, направо...

– Стой! – услышали мы рявкающую команду, исходящую от небольшого мужика, калмыка на вид, с винтовкой на плече. За ним стоял самолёт величиной, наверное, с холм, с которого мы только что спустились.

– Да ладно тебе, чего ты ещё тут придумал? – сказал я и сделал ещё два шага вперёд.

– Поворачывай назат, – рявкнул ещё раз калмык и снял винтовку с плеча. На этот раз я ясно расслышал акцент.

– Да будет тебе дурака-то валять, – возмутился я и сделал ещё один шаг. Часовой ничего не сказал, а только направил винтовку на меня. С оружием наизготове он выглядел, как бронзовая статуя, которых за советское время много поналепили верные коммунистическим догмам скульпторы.

Я только хотел сказать, что мы этой дорогой ходим по несколько раз в день с самого начала летнего сезона, что нас здесь все знают, что мы профессиональные музыканты, что мы играем на самой популярной танцевальной площадке в городе для товарищей отдыхающих – пьяни беспробудной, – чтобы они могли культурно провести вечер...

Я не успел издать ни звука, Сашина сильная рука обхватила меня сзади и потащила назад. Я попытался протестовать, но Саша развернул меня на сто восемьдесят градусов и стал толкать в направлении нашего дома. Он продолжал с силой пихать меня, пока я не двинулся на своей энергии.

– Беги, – крикнул Саша и помчался вдогонку девушкам и Клейноту, которые уже почти взобрались на вершину холма. Вид убегающего большого и сильного Саши оказал на меня эффект выстрела из стартового пистолета, и я рванул ему вдогонку.

– Ты что, рехнулся? – крикнул Саша, когда я с ним поравнялся. – У этого мужика с винтовкой нет мозгов, ты ему ничего не докажешь. У него в черепе замёрзшее говно вместо мозгов. Власти всегда используют дегенератов, как он, на таких постах, где способность мыслить и сочувствовать может помешать применению оружия. Слабоумные вроде этого подстреливают заключённых в Гулаге за то только, что те оказались недалеко от ограды из колючей проволоки без разрешения, и это в Сибири, где сотни квадратных километров вечной мерзлоты окружают места заключения. Там не успеешь оглянуться, как замёрзнешь насмерть, даже если тебе и удастся убежать из лагеря. Ты хоть представляешь себе, насколько близко ты был от непоправимой катастрофы? Этот кусок говна готов был в тебя стрелять. Ты был бы изуродован на всю жизнь, в лучшем случае, а он получил бы награду да ещё чувствовал бы себя героем. Если только он вообще может что-либо чувствовать.

Мне было мерзко, опозоренный перед тремя Дульцинеями в шортах и сношенных тапочках, я расхотел идти на пляж. Все ушли без меня, а я остался дома слушать композицию «Стонущий» в исполнении оркестра Арта Блэки «Посланцы Джаза», моего нового кумира.

С закатом солнца все вернулись в дом с последними новостями, услышанными на пляже. По слухам, самый главный партийный начальник, в полной секретности, полетел на юг отдохнуть. А в это время его дружки в правительстве устроили против него заговор и скинули его с высочайшей должности. Вот уж правда: «Не оставляй магазин без присмотра – товар без хозяина сирота».

Так вот чей самолёт-то на аэродроме! Ну дела!

В России всё покрыто мраком неизвестности и ничего не остаётся в секрете. При почти тотальной засекреченности всего и везде одно только возникновение слухов уже загадка. В полном согласии с вечерними слухами утренние газеты доложили, что самый замечательный, самый великий руководитель партии и правительства, самый любимый в народе вождь и учитель ещё только вчера теперь оказался полным ничтожеством и уволен со всех должностей по воле народа и так далее и тому подобное тра-ляля-ляля...

– Пристегните ремни, мы производим посадку в международном аэропорту имени Джона Ф. Кеннеди, – разбудил меня приятный голос.

– Мы уже прилетели?!

– Добро пожаловать в Америку! – поприветствовал меня сотрудник таможни, даже и не взглянувший на мой багаж. Он был приблизительно моего возраста, крупный широкоплечий парень. Улыбаясь, он вернул мне моё удостоверение личности. Это было не механическое растягивание углов рта, а честная добродушная улыбка. Я сказал: «Спасибо», – и пересёк линию.

Через несколько минут я уже сидел около окна микроавтобуса, едущего к Манхэттену. Линия домов на горизонте быстро приближалась. Ещё один поворот – какой вид! Вода внизу, вечернее небо наверху и здания, здания, здания между ними. Какая мудрая и гармоничная симфония гигантских кубических форм, бесконечных ярких огней, вертикальных и горизонтальных линий! Всё ближе и ближе, крупней и крупней и ещё крупней. Уже не видно ни земли, ни небес, только сплетение стекла, бетона и стали. Мне одновременно хотелось смеяться и кричать. Не могу поручиться, что я так и не сделал. Я был вне себя. Это был настоящий Нью-Йорк, везде огни, затопляющие всё, что ни попадало в поле зрения, слева, справа, вверху, внизу. Совсем рядом, за окном автомобиля, находились джаз-клубы, трубачи, саксофонисты, ударники, композиторы... Кто этот чернокожий парень, так ритмично вышагивающий по тротуару? Он, наверняка, джазовый музыкант. Выпустите меня отсюда сию минуту!

Я понимал, конечно, что надо было ехать в гостиницу (Лейтем Отель на 28-й улице, между Медисон и Парк-авеню), поселиться, на следующий день представиться в Нью-йоркском отделении МСК, которое находилось в двух шагах от гостиницы.

Я был как джин, запертый в бутылке, которая могла разорваться от напряжения в любую минуту. Еще чуть-чуть и я выплеснусь наружу, на улицу, в поисках джаза. Удержаться надо было только до следующего дня.

– Быть джазовым музыкантом в Америке – не значит иметь серьёзную профессию, – сказала мне мисс Баранкович, моя ведущая в Нью-йоркском МСК. – Наша организация не может вас содержать бесконечно. Мы вам что-нибудь подыщем, работу продавцом где-нибудь, к примеру. Скоро начнётся предпраздничный сезон, люди будут нужны везде. Вы понимаете?

Конечно, мне всё было понятно. Я совсем не хотел сидеть ни на чьей шее. Хоть мне никогда и не приходило в голову становиться продавцом, я был согласен на что угодно, только бы быть ни от кого не зависимым как можно скорее.

— Поскольку вы уже хорошо говорите по-английски, я могу вас направить в «Б.Альтман». Это замечательный универсальный магазин. У меня там есть хорошие друзья в отделе кадров, они вам что-нибудь подыщут. Вообще-то я вам делаю одолжение. Тех, кто не говорит по-английски или говорит очень плохо, Комитет отсылает на физическую работу: упаковывать коробки, грузить и разгружать вагоны, раздавать листовки на улице и так далее. Я отправила преподавателя математики доставлять молоко в Гастроном.

Это была правда. Месяца через два я видел одного из эмигрантов на улице, раздающего рекламу в публичные заведения.

Приходить в МСК мне пришлось ещё несколько раз в течение последующих пары месяцев. Как-то, в ожидании своей очереди на приём к мисс Баранкович, я сидел рядом с молоденькой и очень хорошенькой русской женщиной. Она расстроена была ужасно.

— Мисс Баранкович послала меня работать на фабрику — всё в грязи и машинном масле. Она говорит, что я должна выучить английский язык, прежде чем смогу работать по своей профессии. Я зубной техник по образованию, если вам интересно это знать. На этой фабрике работают только малообразованные или совсем необразованные люди, все выходцы из разных стран Латинской Америки. Как я могу выучить английский в такой обстановке? Там никто даже и не пытается говорить по-английски. Общепринятый язык там испанский. Мне и не надо по-английски говорить, чтобы работать зубным техником, да и вообще ни на каком языке не надо говорить, потому что в лаборатории техник никогда не встречается с пациентом – это работа доктора в кабинете снимать слепки и ставить диагноз. Я и так прекрасно понимаю инструкции доктора, они всё равно пишутся только в медицинских терминах. Переводчик сказал мне, что заведующий на фабрике понять не может, зачем меня туда прислали. Он считает, что это место не для меня. «Неужели для неё нет места где-нибудь в зуботехнической индустрии?» – вот что он сказал. – Она говорила дрожащим голосом, готовым вот-вот перейти во всхлипывания.

– Не волнуйтесь. Вы в Америке. Никто здесь не обязан делать то, что ему не нравится. Это только на первое время, пока вы не найдёте своё место. Скоро вы будете очень хорошо ориентироваться в этой обстановке, – я попытался её ободрить. – В один прекрасный день вы откроете свою собственную лабораторию. Не унывайте, не падайте духом.

– Да ну вас, – она только отмахнулась своей маленькой ручкой, не принимая всерьёз ничего из того, что я ей сказал, и попыталась улыбнуться. Ей хотелось мне верить, но всё равно она продолжала всхлипывать.

Свободен! Свободен! Ничто не могло меня больше остановить. Гринвич Виллидж, Гарлем, Западная Сторона, Восточная Сторона, Верхняя часть города, Нижняя, джаз-клубы по всему городу, во всяком случае, так мне казалось после музыкальной голодовки в Москве, где был только один джаз-клуб на всю столицу. Несмотря на то что функция клуба была помочь властям продемонстрировать иностранцам «Свободный образ жизни», обитающий в «Коммунистическом Раю», во многих отношениях это был настоящий джаз-клуб.

Как только рабочий день в «Б.Альтмане» заканчивался, я бежал сломя голову домой. Раздувался, ел, звонил в «Джаз Интеракшн» прослушать плёнку, рекламирующую джаз-клубы в Нью-Йорке, почти ничего не понимал, открывал газету, где все клубы были разложены как на тарелочке, и опять убегал в поисках джаза. Никогда я никакой усталости не чувствовал, разъезжая в метро или просто путешествуя пешком из клуба в клуб до поздней ночи или, лучше сказать, до раннего утра следующего дня.

После двух месяцев обитания во всемирной джазовой штаб-квартире музыканты, которые существовали для меня только в сфере звука, чью манеру игры я мог опознать с двух-трёх нот, слились с внешним обликом. Я слышал столько выдающихся музыкантов живьём, не упуская ни малейшей возможности присоединиться к оркестру или хотя бы просто пообщаться со всеми подряд! Просмотрите расписание Нью-йоркских джаз-клубов за октябрь-ноябрь 73 года:

Сони Роллинс с Уолтером Дэвисом на пианино в «Хаф Нот» на 54-й улице. Хорас Силвер и Арт Фармер играли через отделение в этом же клубе на следующей неделе. Напротив «Хаф Нот», на той же улице «Андер де Клок», «Эди Кондонс», где постоянно работал в течение многих лет Рой Элдридж. Говард Мак Гее с Джо Карол у подножия небоскрёба на 52-й улице исполняли «Штормовую Погоду», Томи Фланаган в «Виллидж Гейт», Чарли Рауз в каком-то маленьком клубе в Гринвич Виллидж, Джордж Колман и Фрэнк Строзиер в клубе на 72-й улице, Чет Бэйкер в «Страглс» через дорогу. Харольд Камербач на баритоне, Эд Луис на трубе, Мефью Джи на тромбоне свинговали не на шутку в «Чёрчилс» в районе 83-й улицы и 3-й авеню.

В том помещении, где раньше находился «Хаф Нот», через два года новые хозяева открыли клуб стриптиза. Это напомнило мне судьбу нашего кафе «Молодёжное» на улице Горького, чуть ли не единственного места во всей столице, где музыканты и любители, изголодавшиеся по джазу, могли собираться. Кафе не переделали в место поклонения богу секса. На том месте открыли забегаловку, в меню которой входили разные виды пельменей, в том числе и Сибирские, корифей всех пельменей. Голые девушки всё-таки лучше, на мой взгляд.

«Виллидж Гейт», легендарная достопримечательность Нью-Йорка, тоже прекратил своё существование. В 80-е годы на его месте открыли огромную аптеку. Интересно, девушки там получают необходимые медикаменты или нет?

Как-то во второй или в третий мой визит в «Чёрчилс» – прокуренный маленький бар, – после того как Харольд и его компания пустили меня на сцену поиграть с ними, я сидел напротив сцены и слушал.

– Валер, что это ты не играешь? – вдруг спросил меня Харольд.

– Я ещё не успел спросить разрешения, – ответил я.

– Какое разрешение? Тебе не надо никакого разрешения, ты свой человек, – он ответил английской идиомой, которую я услышал в первый раз и только догадался, что это какой-то очень хороший комплимент.

– Что это значит? – и я повторил идиому.

– Ну как я, как Мефью Джи, как мы, – попытался объяснить Харольд, – скоро разберёшься.

Несчётное множество музыкантов со всего мира обитали в Джазовой Мекке. Некоторые из паломников играли прямо на улице и не просто гаммы гоняли, а играли как надо, с серьёзным знанием музыкального языка, которым они пользовались. Сюда бы героев московского джаза да и не только московского, а вообще из любой страны на восток от Железного Занавеса, где развелось, наряду с серьёзными музыкантами, много «Гигантов Джаза» в своём представлении, а на самом деле дешевых шарлатанов. Всё из-за изоляции, конечно. Сюда бы их, получить ушат ледяной воды на голову на улицах и станциях метро Нью-Йорка.

Как-то на подходе к «Вест Энд Кафе» я прошёл мимо флейтиста, который сидел прямо на асфальте, метрах в пяти от входа, и импровизировал на аккорды к какой-то теме, – я не расслышал на ходу к какой. Кафе, как обычно, было забито студентами из близлежащего Колумбийского университета. Через полчаса я уже был на сцене, приглашённый поиграть музыкантами, которые работали в этот вечер. Мне показалось, что я заметил в толпе флейтиста с улицы. В перерыве ко мне подошёл высоченного роста парень по имени Джон, наверное, метра 2,10 – 2,15 и завёл разговор о коммунизме, как хорошо жить народным массам при коммунизме и так далее. Я не перестаю удивляться на американцев: как это можно рассказывать мне о великих достоинствах коммунистической системы и не принимать во внимание тот факт, что должна быть серьёзная причина для меня и многих других побега оттуда.

Несмотря на свой огромный рост, Джон выглядел, как ребёнок, только очень высокий ребёнок – розовые щёки, круглые наивные глаза. Он так говорил, будто читал хорошо отрепетированный доклад, а вовсе не поддерживал беседу. Может быть, он и работал над какими-нибудь тезисами или готовился к выступлению с речью перед студентами в Университете и тренировался перед публикой при любом удобном случае. «Ладно, – решил я про себя. – Послушаю немного, в конце концов интересно узнать, что люди на Западе думают о том, чего они никогда не видели и не пережили».

– Ты когда-нибудь жил в Союзе как частное лицо, не как турист? – наконец-то мне удалось ввернуть свой вопрос.

– Нет, но мне очень хотелось бы поехать.

Его «...мне очень хотелось бы поехать» прозвучало так, как будто он меня заранее благодарил за что-то. Может быть, он думал, что я могу ему помочь получить бесплатный билет на рейс «Аэрофлота» или помогу ему связаться с какой-нибудь молодёжной организацией типа Американской Лиги по обмену студентами. Я бы рад был ему помочь, если бы у меня была такая возможность. Только, пожалуйста, не закончи, как твой тёзка, замурованный в кирпичную стену.

– Не принимай его всерьез, Валера. Джон будет говорить до завтрашнего утра, если ему дать волю, – вмешался Фил Шапп, администратор кафе, тоже студент Колумбийского университета. С ним я познакомился за пару дней до этого в моё первое посещение «Вест Энд Кафе». Фил сам был похож на Джона, только не такой высокий. Скоро я понял, что Фил обладает очень редким талантом – его энциклопедический мозг запоминает любую информацию, с которой только ему приходится иметь дело: события, имена, даты, пластинки, названия, репертуар. Можете спросить его, что угодно, – он всё помнит, всё разложено по полочкам в его голове. Этот необыкновенный талант служит ему очень хорошую службу на его работе в качестве диктора Джаз-программы на радиостанции Колумбийского университета. Соглашусь, иногда его безмерные знания фактов и деталей мешают ему сосредоточиться на музыке и он начинает заговариваться, но тем не менее его программа очень интересная, в особенности в тот день, когда он посвящает передачу исключительно Клиффорду Брауну. Ежегодно 30 октября, в день рождения Клиффорда, Фил заводит все 24 часа только его музыку. Для меня это настоящий праздник. Как-то, в канун одной из таких передач, я позвонил Филу узнать, не отыскал ли он для завтрашней передачи чего-нибудь, что я раньше не слышал.

– Будь готов в полдень, – был его ответ.

До того как «Электра Музишн» и «Филилоджи С.АЙ.А.И (Италия)» выпустили на компакт-диске эту радиопередачу, я себя чувствовал единственным обладателем сокровища, которое я записал в тот день с радио. Главное место в программе занимала запись на плёнку, которую сделала лет тридцать до этого, в уединении своего дома, ангельской красоты Лару Браун, когда её муж, Клиффорд Браун, занимался на трубе.

До сих пор каждый раз, когда я встречаю Фила, он меня приветствует одним и тем же приветствием: «Валерий

Пономарёв, прибыл в Нью-Йорк 29 октября 73 года».

По пути из «Вест Энд Кафе» я опять увидел флейтиста, он всё ещё сидел на том же месте.

– Эй, эй, трубач! – я услышал, как он меня позвал, – по твоей манере игры я вижу, что ты знаешь музыку «Посланцев Джаза» очень хорошо. Как тебя объявили-то?

Я представился.

– Давид Грайс, я далёкий родственник Джи Джи Грайса, – отрекомендовался мой новый знакомый, складывая свою флейту. Почему-то не поверилось мне, что Давид был действительно родственником знаменитого саксофониста. Он был больше похож на человека, который добавляет к своему имени мифический титул вроде профессора или посла, чтобы произвести впечатление на окружающих.

– Откуда ты меня знаешь?

– Я зашёл в кафе на минутку, когда ты играл. Ты говоришь, что ты из России, – и так играешь? Тебе нужно познакомиться с Артом Блэки. Бу (сокращённое от Бухейна, мусульманского имени Арта Блэки) любому разрешает играть, вне зависимости от того, откуда человек приехал, – если только он играть умеет. Он тебя наймёт на работу.

Мне никогда не приходило в голову быть нанятым, мне просто хотелось поиграть с Артом Блэки. Я никогда не думал, что к исполнению музыки можно относиться, как к работе.

Ещё как-то раз я пришёл поиграть с музыкантами в «Андер де Клок» на своей новой, большой мензуры, номер раструба 72, трубе «Бах Страдивариус». Эта труба сияла своей новизной, была просто прекрасна и звучала так, как будто сама играла. Любитель музыки подошёл ко мне спросить, не сбежал ли я из «Хаф Нот» в перерыве, чтобы поиграть в клубе через дорогу. Я ответил: «Нет, – не совсем понимая его Нью-йоркский акцент, – я сбежал из России два месяца назад».

О да! С очень многими музыкантами и любителями

музыки я перезнакомился за первые месяцы. К моему великому удивлению, многие музыканты слышали обо мне ещё до того, как я с ними познакомился. Однажды в одном из клубов Гринвич Виллидж я хотел поиграть с оркестром. В перерыве я подошел к ударнику, который похоже был руководителем оркестра, и попросил разрешения присоединиться к его музыкантам на пару тем. Он тут же меня спросил, как, впрочем, большинство американцев, откуда я. Акцент у меня в те годы был гораздо более заметным.

– Из России, – ответил я.

– А ты знаешь Валерия Пономарёва из Москвы?

– Что? – вырвалось у меня, – я Валерий Пономарёв, я из Москвы.

– О да, конечно, ты можешь с нами поиграть сразу, как только начнётся второе отделение. Я о тебе слышал, все говорят, что ты так играешь, тут он применил новое для меня выражение, что «жопа отлетает».

Почти все жители Нью-Йорка откуда-нибудь приехали. Если не сам, так его родители или прародители обязательно родились где-нибудь в другой части нашей большой круглой планеты. Поэтому-то нью-йоркцы такие дотошные – и такие вежливые и терпеливые, когда приходится разбираться в том, что именно этому иммигранту нужно. Как бы иностранец или иммигрант ни коверкал правила английского языка, не говоря уже о произношении, житель Нью-Йорка будет очень внимателен и прекрасно во всём разберётся. Совсем не такая ситуация в Париже, к примеру, где парижанин не потерпит ни малейшего отклонения от норм своего языка.

Сцена из того периода встаёт у меня перед глазами. Я попросился сыграть с Уолтером Дэвисом и его трио. Мы исполняем «Я помню Клиффорда». Уолтер выражает восхищение моей игрой.

Можете себе представить, чтобы я все-таки не был полностью счастлив? И тем не менее это правда. Джазовое Седьмое Небо, каким я себе его воображал, было представлено не полностью. Арт Блэки и «Посланцы Джаза» отсутствовали. Почти каждый музыкант и любитель джаза, с которым я познакомился, утверждал, что он знал мистера Блэки лично и даже называл его кличкой «Бу», а не полным именем. Блэки, как я потом узнал, был в турне. Был ли он в Японии или вёл машину, что было его второй натурой, по какому-нибудь скоростному шоссе по пути на концерт в одном из отдалённых штатов, я не знаю. В Нью-Йорке его не было.

Не сразу, но с каждым разом лучше и лучше я стал понимать плёнку, рекламирующую клубы в Нью-Йорке. Сначала я не понимал местное произношение совсем. Хоть я неплохо говорил по-английски и хорошо имитировал британский акцент, который преподавался на курсах, которые я закончил перед побегом из Союза, иметь дело с Нью-йоркским акцентом было всё равно, что говорить по-китайски на Марсе. Вспоминается один случай в «Б.Альтмане», где я работал по назначению отдела кадров в отделе кастрюлек и сковородок. Как-то, по просьбе заказчика, я искал кастрюльку с дуршлагом, встроенным в крышку, для обработки овощей паром. На полках этого нового слова кухонной техники не было, и мне пришлось обратиться к заведующему складом на том же этаже, когда он вышел из дверей своего святилища. Я ему объяснил, на, как я был уверен, правильном английском языке, что мне было нужно, а он ответил. Речь его была похожа на помесь мяуканья с размеренным лаем породистого дога, на дружеское мяу-афаф. Я повторил свой вопрос и получил в ответ мяу-афаф. Тут я стал уже сомневаться в своей способности имитировать язык английских королей, но всё-таки обратился к нему ещё раз на единственно доступной мне разновидности английского языка. Ещё до того, как он закончил вежливо мяу-афафкать мне в ответ, мистер Рассел, заведующий по этажу, прервал его: «Вал говорит на языке старой доброй Англии, он не понимает ни одного твоего слова». Тут все, кто находились рядом, разразились громким смехом.

Ещё как-то раз я попросил продавщицу в итальянской булочной в Астории, районе Нью-Йорка, где я жил первые несколько лет, подать мне буханку хлеба. Продавщица меня не поняла вообще.

– Мне вот эту буханку, пожалуйста, – повторил я и показал пальцем на батон чёрного хлеба. На этот раз она ответила: «Нованта чентезими» – и подала мне хлеб в обмен на девяносто центов. Мать честная! Я не один испытывал трудности с местным диалектом. Эта женщина вообще не говорила по-английски!

В последующие годы мне не раз приходилось сталкиваться с выходцами из разных стран, которые цеплялись за свои общины и никогда не отваживались ступить за их пределы. Это мне всегда казалось странным. (Брайтон Бич, Чайна-таун, Испанский Гарлем, Французская деревня недалеко от Монреаля и т.д.)

В один прекрасный день позвонил мой приятель, неплохой ударник, Миша Брансбург.

– Валера! Арт Блэки и «Посланцы Джаза» выступают в «Файв Спот» на следующей неделе.

Я набрал номер «Джаз Интеракшн». Плёнка проигрывала свою обычную кашу из «Бликер-мяу-афаф-Бумерс» и так далее. Мысль о том, что мой приятель подшутил надо мной, начала уже формироваться в моём сознании, как вдруг я отчётливо услышал: «Арт Блэки и "Посланцы Джаза"»...мяу аф...Файв Спот». Арт Блэки выступает в «Файв Спот»!? Это был легендарный клуб, где квартет Монка при участии Джона Колтрэйна, Сони Роллинс, Букер Литл и многие другие выступали и записывали свои пластинки живьём с концерта. Арт Блэки!!! Я набрал номер ещё раз. Никакой ошибки – Арт Блэки...мяу-аф...с вторника по воскресенье...мяу-аф... «Файв Спот».

Излишне и говорить, что во вторник вечером я находился в «Файв Спот», расположившись наиудобнейшим образом напротив сцены. Оркестр готов начинать. Бил Хардман на трубе, Дэвид Шнидер на саксофоне, слева и немного сзади легендарный Уолтер Дэвис, прямо за трубачом и саксофонистом расположился контрабасист-японец Чин Сузуки, рядом с ним, за барабанами... мать честная! Это же Арт Блэки!

– Раз, два, раз, два, три... Прямо как на пластинке «Посланцев Джаза», по которой я до сих пор с ума схожу, «Ночь в стране птиц» при участии Клиффорда Брауна – тот же голос, та же сила и, прямо как на пластинке, оркестр вступает на четвёртую четверть. Только на сей раз публику вместо «Куик Силвер» обнимает звучание джазовой классики – «Счастливая весна» Клиффорда Брауна.

Я был вне себя. Это же одна из моих самых любимых тем. Я списал соло Клиффорда с обеих версий, которые мне удалось раздобыть в Москве, в фа мажоре и в ми-бемоль мажоре, давным-давно. Я выучил язык джаза, списывая соло своих любимых музыкантов. Сначала всё только Клиффорда Брауна списывал, а потом уже стал прибавлять остальных гигантов – Чарли Паркера, Диззи Гиллеспи, Ли Моргана, Фрэди Хабарта, Блу Митчела, Майлса Дэвиса, Колтрэйна, Херби Хенкока и так далее, и так далее, и так далее. Мелодические, гармонические и ритмические единицы джазового языка прочно укоренились в моей музыкальной речи к тому времени.

Все играли замечательно. «Посланцы Джаза» разговаривали со мной на том же языке, который я выучил вдали от его места образования и места, где он применялся больше всего. Волны до боли знакомых мелодий, мелодических линий, акцентов, гармоний и ритмов окатывали меня со всех сторон. Я закрыл глаза на секунду и мне показалось, что я в своей комнате в Москве слушаю свой любимый оркестр на своём студийном «Маге 8». Мне буквально пришлось ущипнуть себя, чтобы убедиться, что это не сон. Какой уж там сон! Арт Блэки лично сидел за барабанами и играл свой обычный, никогда не меньше чем феноменальный, аккомпанемент. Я был не на сцене, а в зале среди зрителей, но ощущал себя так, будто находился в самом центре знакомых, плещущихся волн. У меня было такое ощущение, что оркестр на сцене заманивал меня в разговор.

Не успел я и опомниться, как отделение закончилось. Все «Посланцы» и Арт Блэки с ними сошли со сцены на перерыв. Так вот какой он из себя: невысокий, крепкий, коренастый, широкие плечи, счастливый, уверенный в себе. Когда он спускался со сцены на пол, где стояли столики, к нему подошла пара любителей музыки, а может, они были его знакомыми. Тут же мистер Блэки начал рассказывать им какую-то смешную историю. Я только расслышал: «Эта старая ведьма». Как потом выяснилось, Арт сказал: «Эта старая сука», – имея в виду кого-то в конце бара.

Я выбрался из-за своего стола и подошёл поближе. Вот он! Почти моего роста, может, на сантиметра два повыше. Какой-то простецкий вид у него был. Он был похож, хотите верьте хотите нет, на моих московских друзей из Мазутного проезда, незамысловатого, для обычных людей района. Мужики, как он, обычно сидят во дворе, распивая бутылку или зашибают в домино. Очень часто они даже выглядели такими же чёрными, как Арт Блэки, не успев умыться в перерыве от работы, – шахтёры, операторы конвейеров, бывшие заключенные. Выпускник лагерей принудительного труда Россин, известный своим дебоширством и жуткими лагерными манерами, Гога, Саша Терехов, все входили в эту категорию. Если бы Россин когда-нибудь узнал, что он похож на Арта Блэки, он не перенёс бы такого комплимента и нажрался бы насмерть от гордости в тот же день.

Но руководитель «Посланцев Джаза» не был ординарным человеком. Это был человек, в котором сидел дух джаза. Он был размером и ритмом джаза в настоящем, прошлом и будущем. В джазовой музыке содержится один элемент, который не меняется со временем. Уберите эту составную часть, и это больше не джаз. Так же, как главный ингредиент в химическом составе драгоценного металла, без которого он превращается в простую железяку. С образованием только в девять классов средней школы, он вёл оркестр через мириады видимых и невидимых препятствий в течение пятидесяти лет, записал несчётное количество пластинок и компакт-дисков, на которых зарегистрировано колоссальное по объёму, наиболее вдохновенное музыкальное творчество. Я не думаю, чтобы Арт получил какое-либо формальное музыкальное образование, и тем не менее именно он вознёс Клиффорда Брауна, Ли Моргана, Уэйна Шортера, Седара Уолтона, Реджи Уоркмана, Куртиса Фулера, Бени Голсона, Джони Грифина и многих-многих других на высочайшие вершины музыкального исполнительского и композиторского искусства. Почти все «Посланцы» после ухода из оркестра становились звездами или сверхзвёздами джаза, все создавали прекрасную музыку со своими собственными оркестрами, и всё-таки никто не вернулся на такие же музыкальные высоты, как с Артом Блэки.

В бывшие московские времена я и мои товарищи считали Арта Блэки, вместе с Луи Армстронгом, Дюком Эллингтоном, Каунтом Бэйси, Чарли Паркером, Клиффордом Брауном, Сони Роллинсом, Джоном Колтрэйном «богами джаза». А сейчас «бог», двойник Россина, стоял прямо передо мной. Один музыкант, с которым я недавно участвовал в «Джем-Сешн», тоже подошел, чтобы присоединиться к небольшой толпе, которая образовалась вокруг моего героя. Тут же он вдруг залепил, указывая на меня: «Посмотри Бу, этот малый взаправдашний русский, он играет, как Клиффорд Браун».

Арт Блэки просверлил меня испытующим взглядом.

– Валерий Пономарёв из Москвы, – я подтвердил не медля.

– Где твоя труба? – спросил меня бог обыкновенным, земным, хрипловатым голосом.

– Я оставил трубу дома, – ответил я, улавливая смысл вопроса, – я её принесу завтра, – поспешно добавил я.

– Тогда завтра и будем говорить, – сказал мистер Блэ-ки и повернулся к своим друзьям, как будто теряя ко мне всякий интерес. Это был мой первый урок, который я получил от мастера, – никуда не ходи без своего инструмента.

Перерыв продолжался необычно долго. Наконец Арт Блэки вышел на сцену и слегка ударил по колпаку своего «К-Зилжян», одной из лучших в мире тарелок. Остальные «Посланцы» объявились на сцене незамедлительно, подойдя с разных сторон клуба.

– Раз-два – раз, два, три… Второе отделение началось.

Я никогда не видел ударника, который вкладывал бы столько энергии в свою игру. Блэки играл так, как будто это был его последний шанс сидеть за барабанами, как будто это был его последний день в жизни. К концу отделения он был насквозь мокрым от пота, истратив калорий, наверное, больше, чем боксёр после пятнадцати раундов.

На следующий день я пришёл с трубой в футляре, прочно прикованном к руке. Точно как за день до этого, я выбрался из-за своего стола, как только закончилось первое отделение, и подошел к мистеру Блэки.

– Добрый вечер, мистер Блэки. Можно мне поиграть с вами сегодня? Я употребил фразу, которая добавилась к моему словарю только два месяца назад, но уже настолько вошла в моё сознание, что я не смог бы сказать имя своей матери лучше.

– Да, в конце последнего отделения, – ответил мистер Блэки, заметив футляр в моей руке, и отошел к бару поприветствовать кого-то.

Но он не забыл обо мне. Фактически, по-своему, он оказал мне очень много внимания. Как-то, во время того же перерыва, я сидел за столиком и разговаривал со своим приятелем-барабанщиком. Вдруг чёрная рука протянулась из-за моего плеча и забрала спички со стола. Я обернулся и присвистнул от удивления – это был Арт Блэки. Через несколько минут повторилось то же самое, только на этот раз рука забрала со стола недоконченную бутылку пива.

– Мистер Блэки, – воскликнул я, опять пораженный видением божества.

Я не удивился, что он меня не только запомнил, но и не спутал с каким-нибудь туристом, который, очумев от Нью-Йорка, пытается выкинуть какой-нибудь сумасшедший номер в джаз-клубе. Большинство музыкантов могут отличить другого музыканта в толпе народу и почти сразу определить, какого рода музыку он исполняет и на каком уровне он находится. Восприятие одной из самых выдающихся личностей в джазе должно было быть выше среднего. Арт меня сразу узнал. Я видел это по его глазам, это был взгляд, опознающий своих. Он знал, что я был «посланцем» из России. Через несколько лет, когда я уже играл в оркестре, Арт Блэки скажет: «Валерий был Посланцем задолго до того, как он поступил в «Посланцы»». Ещё одну вещь он будет говорить: «В тот вечер, когда Валерий играл с нами в первый раз, Монк находился в публике. Телониус мне сказал: "Бери этого парня, в нём настоящий дух"».

Трубач Вуди Шоу был «посланцем» в предыдущих изданиях оркестра. Он занимал первое место в категории трубы по выбору критиков в обзоре самого престижного журнала джаза «Даун Бит». В тот вечер он и Тюрмаса Хино, выдающийся японский трубач, пришли в клуб. К началу третьего и последнего отделения оба они распаковали свои инструменты и были готовы играть. И заиграли они не на шутку. Выступление оркестра не перешло в «Джем-Сешн», оркестр исполнял свою обычную программу, но присутствие ещё двух трубачей на сцене придало выступлению менее официальный характер. Получился вечер трубачей. Атмосфера накалялась. Становилось всё труднее и труднее сидеть спокойно за столом около сцены, прямо напротив Арта Блэки и остальных музыкантов, играющих просто «на отрыв».

Блэки же мне сам сказал, что я могу поиграть в конце третьего отделения. А это уже и был конец третьего отделения! Мое место тоже там, прямо между Билом и Вуди, я могу достать свою трубу и говорить на таком же языке, там моё место, я это знаю, мне никого и спрашивать не надо. Я поэтому рискнул своей жизнью, убежав из Советского Союза. «Мистер Блэки! – мои мысли продолжали крутиться, – пожалуйста, заметьте меня, я сижу прямо перед вами и труба моя со мной. Вы же сами сказали, что я могу с вами поиграть сегодня!»

Последняя тема закончилась, и все солисты покинули сцену. Арт Блэки положил свои палочки, встал из-за барабанов и пошёл к микрофону, очевидно, чтобы объявить, что сегодняшнее представление закончено.

Расстояние между мной и сценой стало быстро увеличиваться, а сцена ощущаться всё более и более недосягаемой и такой же отдалённой от меня, как Мазутный проезд от Нью-Йорка. Моё сердце начало быстро падать. Я не помнил, чтобы в Мазутном проезде кто-нибудь не сдержал своего слова. Вся моя музыкальная жизнь пролетала перед моими глазами – событие за событием. Это был конец! Прямо перед тем, как отсчётчику ритма моего музыкального существования разбиться вдребезги об дно, Арт Блэки подмигнул мне и сделал командующий жест рукой, который имел только одно значение, – выходи на сцену и играй, это твой момент. Повторять мне не надо было. Я вырвал футляр из-под стула, на котором сидел, и достал из него трубу в рекордное время, на это ушла, наверное, одна сотая секунды, не больше.

Как потом мне доводилось видеть много раз, у Артура был обычай приглашать молодого барабанщика на сцену для исполнения с оркестром заключительной мелодии. В тот вечер у меня был только один момент сообразить, что кто-то другой будет играть на ударных, после того как Арт позвал на сцену парня с палочками в руках и сказал нам обоим: «Играйте Тему-Песню». Парень с палочками оказался за барабанами так же быстро, как я достал трубу из футляра, и переставил что-то в установке на скорую руку. Не имея времени даже на то, чтобы разочароваться, я занял место впереди ритм-секции, лицом к публике, там, где только что стоял Бил Хардман, и, закрыв глаза, как я всегда делаю во время солирования, только успел подумать: «Тема-Песня» так «Тема-Песня», поехали. Раз-два, раз, два, три...

Всё, чему я научился, больше не было просто ритмом, или четвертями, или сильно свингующими фразами на искусное сплетение аккордов Фятса Наваро, Клиффорда Брауна, Ли Моргана, Фрэди Хабарта, Чарли Паркера или фраз ещё многих и многих музыкантов, у которых я учился в основном благодаря списыванию и анализу их соло. К тому времени музыкальная технология превратилась для меня в частички речи: предложения, глаголы, существительные, точки, запятые, восклицательные и вопросительные знаки – средства сочинения, средства общения с другими человеческими существами. Вот моя история, слушайте...

Надо быть гением, чтобы сочинить гармонию на «Тему-Песню», так удобно на неё импровизировать. Вообще-то никто в частности не изобретал этих аккордов. Они сами выкристаллизовались в форму после того, как поколения музыкантов играли на бесчисленных «Джем–Сешн». Что называется, «коллективный гений», «народное творчество».

Парень-барабанщик играл хорошо. Я почти уверен, это был Джими Лавэлас, один из лучших свингачей в городе. В тот момент мне не удалось рассмотреть, кто играл вместо Арта Блэки. Я только знал, что сам Арт Блэки уступил своё место. Вдруг я услышал странный перебой в хай-хэте.

«Когда ударникам приходится играть на чужом инструменте, им очень часто бывает несподручно играть. Не то что нам, духовикам», – пронеслось у меня в голове, и я выдул «оклик». В ответ я услышал такую громовую дробь и удар по ведущей тарелке, какие мог сыграть только один ударник в мире, устанавливая всемогущий ритм, каким он и должен был быть с начала отсчёта времени на Земле. Барабанная палочка отщёлкивает по ободу малого барабана на вторую четверть. Большой, жирный и в то же время такой элегантный звук триумфального ритма исходил от барабанной установки за моей спиной. Я выдул ещё один «оклик». Удар по малому барабану и ведущей тарелке заполнили паузу в моей фразе в ответ.

«Вы меня принимаете, вы меня опознаёте, я свой человек, вы меня понимаете?» – повторил я свой вопрос и получил тот же утвердительный ответ.

Я умножил фразу: «Вы знаете, что я не просто болтаю языком. Моя речь хорошо развита и понятна».

Удар по малому барабану и потом по тарелке одновременно с большим барабаном последовали ещё, и ещё, и ещё раз.

Мне и не нужно было видеть, кто сидел за ударной установкой, но я все-таки обернулся и открыл глаза, чтобы убедиться, что я нахожусь не в раю, а на сцене с Артом Блэки за барабанами. Парень, который начал со мной играть, всё ещё закреплял тарелки на хай-хэте, устанавливая их на более широком расстоянии друг от друга, там, где они и стояли до последней темы, следуя безоговорочной обязанности ударника, которого только что сменили, помочь следующему хранителю ритма установить инструмент на удобном для него уровне.

Я опять повернулся к публике и закрыл глаза. Это

был один из тех моментов, когда ты не знаешь, где ты находишься, твоё подсознательное «я» выходит на первый план, перекрывая все остальные впечатления, – Момент Творчества.

Удар по тарелке и большому барабану ознаменовал конец темы и моего выступления, как я полагал.

– Сыграй балладу, Валерий, – услышал я знакомый хриплый голос, произнёсший моё имя почти без акцента. Я обернулся, чтобы убедиться, что понял бога правильно.

– Играй балладу, давай, давай. Любую, какую хочешь.

Я взял под ферматой до диез и разрешил его в ре, уже в темпе не очень медленной баллады. Не было надобности спрашивать Уолтера Дэвиса, знал он «Уотс Нью» или нет. Через пару тактов я уже был уверен, что мой амбушюр находился в прекрасном состоянии, и отлетел в другое измерение – это всё, что я помню...

...Я прямо-таки влюбился в эту песню с первого же раза, когда услышал, как её играет Клиффорд Браун. Какой у него величественный звук. Каждая нота, если ей есть место вибрировать, вибрирует триолями, шестнадцатыми и т.д., точно в ритме. Буквально слышны слова песни, каждое слово. Вообще-то, какую бы песню Клиффорд Браун не играл, всегда получалось одно и то же – по меньшей мере шедевр. Каждый раз, когда я слушал игру Клиффорда Брауна, его исполнение напоминало мне, что эмоции, переживания, способность думать ставят нас, человеческие существа, на целую ступень выше остальных обитателей животного мира...

...Вот и последняя фраза: «...Я ничуть не изменился, я всё так же тебя люблю». Замедление. Фермата. Чин Сузуки ударяет внизу доминанту, Уолтер широко разворачивает аккорд, чтобы я на него играл каденцию, пауза...

– Дуй в свой инструмент, – услышал я хорошо знакомый со стольких пластинок голос, подбадривающий

Клиффорда Брауна, Ли Моргана, Фрэди Хабарта – любого, кто бы ни был в тот момент солистом.

...Последовали выдержки из каденции Клиффорда на «Уанс ин а Уаэл», записанной на «Найт эт Бёрдланд» («Ночь в стране птиц»), и мои собственные интерпретации. Когда я держал последнюю ноту, парившую над громом аплодисментов, свистом и криком публики, Арт продолжал барабанить поверх всего бедлама. Во второй раз разразилась «Тема-Песня», означая абсолютный и безоговорочный конец представления...

«Дуй, дуй, дуй свою жопу на отрыв. Понеслась душа в рай, – только мелькнуло у меня в голове, – дуй, дуй, пока по ногам не потечет».

Я пришел в себя, когда уже последние звуки аплодисментов затихли и я стоял на полу, рядом со сценой. Я даже не помню, как я трубу упаковал. Тут же был и Арт Блэки. Не успел я и слова вымолвить, как он меня обхватил так крепко, что я не мог от него вырваться. Пот, кативший с божества, промочил насквозь мою новую рубашку.

– Ты будешь у меня в оркестре играть, ты будешь у меня в оркестре играть, – его хриплый голос продолжал повторять над моим ухом.

Вокруг нас собралась небольшая толпа.

– Мистер Блэки, я играю с Валерой. Я играю на теноре, – один парень, Мич Фроуман, с которым я недавно участвовал в «Джем-Сешн», попытался представиться.

– Ты с ним долго не проиграешь, он будет играть со мной, – ответил Арт, забыв даже спросить имя тенориста.

Тогда я подумал, что Арт просто проявил по отношению ко мне вежливость и таким образом поприветствовал музыканта-беженца и пожелал мне удачи в Америке. Но как потом оказалось, он имел в виду именно то, что сказал. Через два с половиной года, когда Бил Хардман ушёл из оркестра, у меня зазвонил телефон...

– Кто говорит!?.

С самого конца 76 года по конец 80-го я безостановочно путешествовал по всему миру, выступая в лучших концертных залах, клубах, фестивалях, радио- и телевизионных передачах, и записал одиннадцать пластинок с Артом Блэки и «Посланцами Джаза».

В штаб-квартире всемирного джаза

Я стал другим человеком – я играл с Артом Блэки! Слух пронёсся по всему Нью-Йорку, как пожар в диком лесу: «Русский трубач играл с «Посланцами Джаза» в «Файв Спот». Публика ему так аплодировала, что стены здания чуть не рухнули». С того дня все стали относиться ко мне по-другому. Мои друзья, музыканты, любители джаза, соседи, даже моя жена. Не то чтобы ко мне раньше плохо относились, совсем нет, но теперь на меня стали смотреть по-другому. Да я и сам знал, что прикоснулся к божеству. Многие мне уже тогда говорили: «Арт Блэки возьмёт тебя в свой оркестр, это только вопрос времени». Он и сам потом много раз говорил: «Валерию нужно было ещё немного пожить в Нью-Йорке, осмотреться, тогда уже он был готов гастролировать с нами». И всё же мысль о том, чтобы стать участником оркестра, не поднималась из глубин моего сознания ещё в течение двух лет. Нет, для меня это было всё ещё диковато. Быть одним из «Посланцев»? Я? Какой-то беженец? Невозможно! Такое счастье? Нет, это слишком, это для кого-нибудь ещё. Всегда кому-нибудь другому так везёт. Мне – нет!

Ну как перед объявлением результатов выпускных экзаменов – ты знаешь, что ответил на все вопросы правильно, ты знаешь, что заслуживаешь с хорошим баллом закончить школу, а всё-таки в своём сознании находишься в прошлом, в «долгом». Годы подготовки подходят к концу, а неизвестное будущее уже наступает – вот-вот, ещё совсем немного, один прыжок. Ты на самом краю прошлого. Нью-Йорк, Нью-Йорк, кто бы мог подумать!

Приблизительно через неделю после грандиозных событий в «Файв Спот» я сидел дома, когда зазвонил телефон:

«Это Хорас Силвер, позовите, пожалуйста, Валерия Пономарёва».

Я решил, что кто-то меня разыгрывает, к тому же мне показалось, что в голосе говорящего был какой-то акцент. Моей первой реакцией было подумать, что это Мишка пытается надо мной подшутить.

– Ты что, меня за дурака принимаешь? – ответил я по-русски, – ты что, думаешь, меня можно так просто обмануть? С какой стати Хорас Силвер будет мне звонить?

– Простите, вы говорите по-английски?

– Что? Это я. Извините, я подумал, что это мой приятель пытается меня разыграть.

– Нет, нет, это действительно Хорас Силвер говорит. Бил Хардман мне вас рекомендовал. Я хотел бы послушать, как вы играете. Мы собираемся послезавтра в... – шум на улице затих, и я теперь ясно слышал, что это не Мишка, – ...студии (Бродвей на восьмидесятых улицах) в такое-то время.

– Мистер Силвер! Я буду играть в «Вест Энд» сегодня вечером, не смогли бы вы прийти?

– Нет, мне гораздо удобнее с тобой познакомиться на нашей репетиции. Хочешь прийти?

– О да, конечно, обязательно.

В положенное время я был на репетиции. Комната уже была набита какими-то парнями с инструментами, никого из них я раньше нигде не встречал. Худощавый парень выше среднего роста доставал саксофон из футляра.

– Это ты Валерий? Я о тебе слышал. Меня зовут Боб

Берг (в будущем прославился, выступая в оркестрах Хораса Силвера, Седара Уолтона и в особенности Майлса Дэвиса). Рад с тобой познакомиться.

– Я тоже рад с тобой познакомиться, – мы пожали друг другу руки. Потом Хорас Силвер сказал, какую будем играть тему. Я думаю, это была одна из его новых композиций. Боб сразу продиктовал мне аккорды к ней. По моему взгляду он сообразил, что я его не совсем понял, и опять повторил обозначения аккордов. По-русски те же самые кодовые буквы и цифры я знал очень хорошо, но на английском к тому времени у меня ещё не установились твердые ассоциации между звуковым и буквенно-цифровым обозначением аккорда. И Боб, вместо того чтобы опять повторять название ступеней, проиграл мне весь аккорд снизу вверх.

«Тьфу ты, какое великое дело, ля бемоль с пониженной пятой и повышенной девятой. Спасибо, Боб».

На барабанах играл Джеф Бриллинжер, Чип Джаксон на басу (контрабасе). Все играли замечательно и, как я потом узнал, только недавно переехали в Нью-Йорк из разных штатов страны попытать своё музыкальное счастье в Мекке всемирного джаза. Хорас Силвер на пианино! Московские музыканты никогда не поверят!

По сей день, где бы он ни выступал – в «Блю Нот» или «Грантс Тумб», если мне удастся с ним поздороваться перед концертом, Хорас после представления участников оркестра объявляет: «Уважаемые дамы и господа, среди вас в публике находится мой собрат по оркестру «Посланцы Джаза» Валерий Пономарёв».

Время шло, и я постепенно осваивался с жизнью в Нью-Йорке. Пара коммерческих записей, джазовые халтуры по двадцать долларов и, соответствующие расценкам профсоюза, халтуры на свадьбах и бармицвах следовали одна за другой, сначала с оркестром русских эмигрантов так называемой второй волны. Вторая волна – это эмиграция русских в Америку после Великой Отечественной войны. Имеется в виду не русских из Советского Союза, конечно, а тех, которые по той или другой причине застряли в Западной Европе, после того как война и разрушения, которые она с собой принесла, закончились и Европейский континент раскололся на две части –Восточную и Западную. В подавляющем большинстве все эти эмигранты чудом избежали насильственной депортации обратно в Советский Союз. После чудовищных мучений, перенесённых от рук нацистов в плену, лагерях смерти, на принудительных работах и т.д., по возвращении на родину, которой заправляло правительство преступников, они могли рассчитывать только на расстрел или медленную смерть в Сталинских лагерях строгого режима.

Ну и наслушался я от второй волны всяких историй о сотнях тысяч Советских солдат, попадавших в плен из-за бестолковости высшего командования Красной Армии в начале войны, о жизни в концентрационных лагерях, голоде, побегах, сотрудничестве с врагом, героизме. В основном Коля Романенко, руководитель оркестра, по дороге на халтуру или обратно делился со мной своими воспоминаниями о выживании в нечеловеческих условиях (цеплялся за жизнь и выживал).

Он, бывший первокурсник Московской консерватории, с винтовкой образца 1889 года в руках, попал в плен в июле 41 года. Беспощадный Рок провёл его через фашистские лагеря смерти, немецкую военную школу, чуть ли не все европейские страны и потом привёл в Нью-Йорк, где Коля наконец нашел себе постоянное пристанище (тихую гавань) и работу по ремонту музыкальных инструментов. К тому же он играл со своим оркестром на разных балах, вечеринках и свадьбах для русских, литовских, польских, французских, украинских, грузинских и немецких обществ. Во время своих скитаний по миру он научился свободно говорить на всех этих языках плюс по-английски и на идише.

Как-то я его спросил:

– Коля, как ты так научился говорить на стольких языках?

– Родился на грузинской территории Кавказских гор в русско-украинской семье, так что первые три языка выучились сами собой, а остальные уже освоил в концентрационных лагерях, – таков был ответ.

– А как же насчёт идиша, ты бы попал в газовую камеру, если бы охрана лагеря приняла тебя за еврея?

– О нет, на идише я научился говорить у своего первого босса в Нью-Йорке. В концентрационном лагере говори на любом языке, если можешь, кроме русского или идиша, ну конечно, если ты не решил покончить счёты с жизнью, – Коля проинструктировал меня так, как будто я намеревался на следующей неделе переселиться в Треблинку или Освенцим.

Коля в пору своей жизни в Нью-Йорке был здоровенным мужиком, весом за сто килограммов одних мускулов; даже «Всемирная Ассоциация не олимпийской борьбы» пыталась, правда безуспешно, уговорить его принять участие в своих представлениях. В концентрационном лагере его вес из-за постоянного голодания доходил до 20-25 килограммов.

– Человеческий организм обладает свойством укрепляться ещё лучше после такой чистки, – повторял Коля каждый раз, когда заходил разговор о его размерах.

Во время одной из таких поездок он черпнул поглубже в сокровищнице своих воспоминаний и вознаградил меня исключительным добавлением к своей коллекции историй ужасов:

«Однажды в концентрационном лагере ко мне подошли двое низкорослых, кривоногих татар и предложили обменять свежее мясо на сигареты. Я пошёл за ними в глубину едва освещённого барака, где в дальнем углу за перегородкой, спрятанная от посторонних глаз, находилась какая-то груда, покрытая грязной простынёй. К тому времени я думал, что уже всего насмотрелся. О нет, меня ещё поджидали сюрпризы».

Я думаю, невозможно измерить глубину падения или высоту взлёта, на которые способна человеческая душа. Мне кажется, тут нет границы ни в одном ни в другом направлении.

Коля помолчал немного, а потом продолжил: «Один из татар приподнял простыню с правой стороны, и я увидел голову мужчины. Зрачки его глаз медленно двигались. По этим глазам они знали, что тело ещё не умерло и его мясо оставалось съедобным. Татары держали безымянную жертву под сильным наркозом и продолжали отрезать от него куски день за днём, пока зрачки ещё двигались, продлевая таким образом свою собственную жизнь».

Я думаю, что Коля пытался очистить свою память от этих видений, которые даже через тридцать лет всё ещё беспощадно терзали его.

Тем вечером мы играли на свадьбе смешанной пары. Жених –американский еврей, а невеста – очень красивая немка. Когда руководитель оркестра произнёс довольно обширную поздравительную речь, её родители были просто ошарашены, настолько безупречно Коля владел немецким языком.

После свадьбы я хватил немного лишнего, и Коля повёз меня домой, вместо того чтобы, как обычно, попрощаться около остановки метро. Подъезжая к моему дому, мы поравнялись с автобусом, полным чернокожих пассажиров. Около одного из окон спокойно сидела красивая молодая женщина в свадебном наряде, остальные пассажиры пребывали в очень оживлённом состоянии. Я думаю, празднества всё ещё продолжались. Я сам возвращался со свадьбы, на которой моё присутствие было строго ограничено ролью трубача и наблюдателя. На этот раз я не мог не принять более активного участия. Высунув голову из окна машины, я принялся орать во всё горло самые сердечные поздравления молодым.

— Валерий, прекрати сейчас же, из-за тебя произойдёт авария. Валерий, ты никакого отношения не имеешь к этой свадьбе. Не приставай к людям, ты их не знаешь совсем, — Коля кричал на меня во всю мощь своих лёгких в надежде, что я образумлюсь, но совершенно бесполезно. У меня-то тоже глотка была неплохо поставлена. Я продолжал орать и размахивать руками, почти до половины высунувшись из машины, пока невеста не заметила меня и не привлекла внимания всего свадебного поезда. Некоторые пассажиры тоже открыли окна автобуса и от всего сердца стали меня благодарить за сердечные пожелания. Один парень даже попытался передать мне бутылку, но был тут же втащен обратно в автобус более трезвыми гуляющими. В этот момент Коля резко повернул налево, прямо в мою улицу, и автобус исчез.

— Валерий, ты в Америке, здесь не полагается вламываться на чужие свадьбы, — Коля отчитал меня с сочувствующим видом, когда я вылез из машины и поблагодарил его за подвоз.

С разными оркестрами, чаще всего с Колиным, я исполнял польские, украинские и русские польки, марш Мендельсона плюс всякие популярные песни в течение последующих двух с половиной лет, пока не пришло время поступать в оркестр «Посланцы Джаза».

Приблизительно через полгода после прибытия в Нью-Йорк у меня было достаточно работы, чтобы оплачивать по счетам за себя и теперь уже за давно бывшую жену. Без работы или какого-нибудь дела она переживала ужасно. Я не мог её понять. Почему бы не сидеть дома и не жить припеваючи. Денег было достаточно. Моя зарплата покрывала квартплату, еду и напитки. Даже ещё до того, как я стал работать музыкантом, у нас оставались деньги на одежду и кино. Потом пошли первые халтуры на свадьбах. Тут уж наш жизненный уровень подскочил на совсем небывалую высоту — восьмилетней давности шевроле «Импала», швейная машина, которую я купил с рук за 50 долларов, постоянные застолья и обильнейшие возлияния служили тому неоспоримым доказательством.

Нью-Йорк, Америка, Процветание. Много времени прошло, пока я не перестал удивляться видам овоще-фруктовых лавок, ломящихся от всего, что только ни растёт в садах и огородах по всему миру. Некоторые фрукты я раньше никогда не видел и даже не слышал об их существовании. Манго, например. Что такое манго? А виноград без косточек? Какое чудо сельского хозяйства! Вид этих лавок восстановил в моей памяти картину детства, когда я, держась за руку матери, стоял в холодном, полутёмном и грязном помещении, забитом народом. Одна дверь вела на улицу, а другая, с закрытым окном посередине, в склад продуктового магазина. Портреты Сталина и его сподручных зорко следили с грязных стен за происходящим. Очередь, как обычно, образовывалась сама собой в ответ на слух, который объявлялся откуда ни возьмись, а потом затихал с тем, чтобы вынырнуть где-нибудь в другом районе и опять исчезнуть. «Апельсины! Апельсины! Апельсины будут доставлены в такой-то продуктовый магазин, в ограниченном количестве конечно, для продажи населению». До сих пор помню, как моя мать, в те времена красивая молодая женщина, закатывает рукав своего пальто, потом рукава платья и рубашки, чтобы показать номер, написанный чернильным карандашом на руке, мне кажется, это был номер 34. Номер означал, что мы были тридцать четвёртыми от окна, которое, в случае если слух подтвердится, откроется и начнётся волшебство обмена советских рублей на настоящие апельсины. Недовольная баба в грязном халате поверх телогрейки откроет окно в двери и отпустит рацион в руки покупателя, которому ещё с трудом верится в такое везенье.

— Мы в Америке, что-нибудь образуется, — часто говорил я своей, теперь экс, жене. Она была очень хорошим зубным техником и, я так думаю, не могла сидеть без дела. Пока я отбывал службу в «Б.Альтмане», она ходила по Астории в поисках какой-нибудь работы. В те времена очень хорошенькая, маленького роста молодая женщина, она до сих пор не говорит по-английски, за исключением нескольких выражений, без которых нельзя обойтись в гастрономе или магазине одежды. В первые же годы жизни в Америке ей с трудом давались даже самые простые слова. Я её научил говорить: «Я ищу работу. У вас есть для меня что-нибудь?» Она выглядела такой симпатичной и в то же время жалкой, пытаясь произнести слова на абсолютно иностранном для себя языке. Иногда она мне жаловалась на потенциальных нанимателей, которые отпускали безобразные шутки в ответ на её вариант «У вас есть для меня что-нибудь?» Я бы прибил этих ублюдков. В конце концов я был вынужден попросить её больше не ходить по Астории в поисках работы.

В один прекрасный день я заметил надпись на здании недалеко от нашего дома: «Зубная Лаборатория Мастер Тач». На следующее утро я отправился к этому зданию посмотреть, что это за лаборатория такая. Идти было недалеко. У входа я увидел маленького человека, подметающего метлой тротуар перед входом в лабораторию. Он был толстоватый, весь седой и в пенсне. Я поинтересовался у него:

– Где можно найти менеджера лаборатории?

– А что вам угодно? Я её хозяин, – ответил мне человек в пенсне на английском языке с сильным европейским акцентом.

Мистер Нэйджи, хозяин лаборатории, сам был эмигрантом из Венгрии уже больше двадцати лет. Он предложил моей жене прийти в лабораторию, когда ей будет удобно, и понаблюдать за работой сотрудников в течение одного-двух рабочих дней. Кончилось тем, что Татьяна проработала там двадцать лет, вплоть до того момента, когда руководство своим собственным предприятием стало восприниматься ею совершенно естественно.

Она абсолютно не интересовалась американским образом жизни и, если бы не из-за меня, то никогда бы не поехала в Америку. Интересная вещь – мы всё равно развелись. Это уже произошло через шесть лет после того, как я ушёл от Арта Блэки. Непредсказуемость рабочего графика моей профессии нанесла нашему браку свои разрушения. Не то чтобы я не зарабатывал денег, совсем нет, иногда я зарабатывал даже очень хорошие деньги, но работа была непостоянной и дома я бывал редко. Именно с этим она не могла примириться. Музыканту приходится к этому привыкать. Сколько я ни знаю музыкантов, все они рано или поздно учатся переводить на задний план беспокойство о работе, которое происходит от незаполненных дней в рабочем календаре. А вот их жёны нет. Как бы они ни любили вначале своих будущих мужей, как бы они ни клялись до замужества, что ничего им другого не надо в жизни, только бы навсегда и на веки вечные, в богатстве или в бедности, в здравии или в болезни, быть вместе с ним и его музыкальным инструментом, – образ любимого субъекта на сцене возбуждает всё меньше и меньше интереса, и рутина жизни с музыкантом беспардонно берёт своё. Любовь к музыканту – это очень особенная любовь, далеко не каждая женщина на неё способна.

Теперь моя бывшая заведует своей лабораторией, чего она никогда не смогла бы добиться в Советском Союзе, и поживает довольно комфортабельно на своей второй родине.

Как оказалось, Арт Блэки выступал в Нью-Йорке с регулярными интервалами – каждые два-три месяца, между турне за границей или по Соединённым Штатам, оркестр играл в Нью-Йорке, в основном в клубе под названием «Микелс» или в клубе «Виллидж Гейт» на улице Бликер, которая проходит через богемный район города под названием Виллидж (деревня). Излишне говорить, что моё присутствие среди публики этих клубов было само собой разумеющимся. Вышибалы обоих клубов довольно быстро ко мне привыкли и стали пропускать по статусу сотрудника.

«Виллидж Гейт» занимал громадную территорию в три этажа, полностью забитых народом. На первом этаже было кафе, отгороженное от улицы стеклянным окном, которое простиралось от пола до потолка почти во всю длину клуба. Беззаботная публика за столиками потягивала из бокалов и фужеров напитки в ожидании следующего представления. Широкая лестница у западного входа вела в нижнее помещение, самое просторное. Между толстыми, как многовековые дубы, колоннами, на которых покоился потолок, были расставлены столики, и неизменно хорошенькие официантки суетились между ними с кружками пива и разными напитками на подносах. Большая и высокая сцена довлела над всем помещением. Артистические уборные находились слева и сзади сцены. Короткая лестница у восточного входа вела на второй этаж, где ряды стульев перед сценой придавали помещению вид церковного интерьера. Ну и, конечно, бар справа от входа, где я познакомился с Артуром Делуговым, хозяином клуба.

– Мои родители родом из России, – сообщил он мне с гордостью.

Другой клуб, «Микелс», был намного меньше и находился гораздо севернее, на углу 96-й улицы Манхэттена и Амстердам-авеню. Публика здесь была в большинстве своём негритянская. Так же как и «Виллидж Гейт», «Микелс» всегда был забит народом и здесь царила такая же праздничная атмосфера.

Как только Арт Блэки замечал меня среди публики, он сразу же приглашал меня на сцену. Пока я доставал трубу из футляра, он объявлял меня как новую звезду из России, появившуюся на горизонте современного джаза. Тогда я принимал эти объявления за шутку, но после того, как я начал работать с «Посланцами Джаза», мне стало ясно, что уже тогда Арт относился ко мне, как к полноправному члену оркестра. Как-то раз, после одного из таких объявлений, кто-то из публики скептически отнёсся к сказанному: «Ну да, конечно, ты сейчас наговоришь нам всяких сказок. Хватит болтать, я хочу музыку послушать». На него зашикали, но было уже поздно.

– Ах, так! – сказал недовольно Арт и встал в агрессивную позу. – Валерий, покажи-ка, на что ты способен, сыграй нам балладу, любую, какую хочешь.

Я сыграл «Плачь по мне, ива». Когда я держал последнюю ноту на фермате, публика разразилась громом аплодисментов.

– Ну что, получил? Урод! – подойдя опять к микрофону, Арт победоносно обругал обидчика, который, как замороженный, стоял в толпе с открытым ртом и выпученными глазами. – Джаз играют в Европе, в Японии, в Африке, в Южной Америке, в России, по всему миру, – Арт слегка «добавил» бывшему неверующему и пошел к барабанам играть вступление к следующей теме.

В другой раз, это было в «Виллидж Гейт», я сидел около сцены и слушал. Арт махнул мне рукой, чтобы я шел на сцену. Этот его жест уже выработал во мне автоматический рефлекс – демонстрируя блестящую мускульную координацию, я выхватил трубу из футляра с молниеносной быстротой.

Следующей была тема Уолтера Дэвиса «Рани, потрясающая леди».

– Мистер Блэки, это совершенно новая музыка, я её никогда не слышал, – предпринял я попытку выкрутиться.

– У тебя уши есть или нет? Давай, давай, играй, – сказал он совершенно обычным тоном, как будто это был по всему миру заведённый обычай – прийти поиграть с лучшим в мире оркестром мелодии, которых ты никогда в жизни не слышал.

Ну что ты на это скажешь? Отступать было поздно. Я стоял с трубой в руках у всех на виду, и многочисленные пары глаз из публики смотрели на меня выжидающе. Собрать трубу и убежать было бы большим позором, чем вылезти на сцену и разыгрывать из себя дурака.

Когда пришла моя очередь солировать, я уверен был только в том, что остинатный бас на до означал конец квадрата (музыкальной формы). Тут я и окончил своё соло, предварительно, как в бреду, с отчаянием самоубийцы, выдув в атмосферу тьму каких-то нот. Я нагнал такую пургу, что стыдно было людям в глаза смотреть.

– Арт, это же совершенно новая композиция, а он её сыграл, как будто это его собственное сочинение, – Уолтер вскочил со стула в полном восторге.

Уолтер явно мне покровительствовал. Я должен был наделать достаточно ошибок, пытаясь в течение нескольких квадратов схватить ушами басы и аккорды. Уолтер Дэвис, какой был мужик! Он обладал таким же свойством, как и Арт, – хотя, может, не до такой степени, – который всегда помогал людям проявить себя самым лучшим образом. Много раз Уолтер мне помогал и в будущем!

После общения наяву с Артом Блэки и «Посланцами Джаза» я играл с ещё большим вдохновением на своих собственных джазовых халтурах, какие бы они там ни объявлялись. Игра на свадьбах – это уже совершенно другое дело. Тут о музыке в её настоящем понимании говорить не приходилось. Здесь всё, как на конвейере: первое отделение – босановы – начинается точно во время, указанное в контракте. Оркестр тихо играет приятные мелодии, пока гости заходят в зал и располагаются по своим местам. Руководитель оркестра очень бодро объявляет: «Оркестр играет для вашего удовольствия и желает вам прекрасно провести вечер» или «Оркестр желает вам приятного аппетита» и т.д., гости едят салат или суп. Через пятнадцать минут, по команде заведующего залом, оркестр начинает танцевальное отделение номер один, уровень громкости значительно повышается. Ещё через пятнадцать минут, опять же по команде того же верховного владыки, отделение заканчивается и гости возвращаются к своим столам – подаётся второе. Опять проходит десять-пятнадцать минут, и по команде, исходящей из того же источника, начинается танцевальное отделение номер два – уровень громкости идёт ещё выше. Потом, по американскому обычаю, начинается что-то вроде свадебного обряда: жених снимает с ноги невесты подтяжку и церемониально бросает её в специально собравшуюся толпу неженатых мужчин, потом невеста бросает букет цветов в толпу незамужних женщин и так далее. Всё это, по-моему, должно означать, что остальные неженатые гости тоже в будущем, ближайшем или нет, но обязательно женятся. Потом все будущие женихи и невесты расходятся по своим столам. Тут следует объявление: «А сейчас, впервые в своей жизни, танцуют муж и жена такие-то», – и по желанию невесты, которое является немедленным к исполнению приказом для всех окружающих, оркестр играет почти на всех свадьбах одну и ту же песню: «Не могу на тебя наглядеться». Потом невеста танцует со своим папой – песня, конечно, «Папина дочка». Потом подаётся десерт – «Песня пламени», потом последнее отделение – усилительная система надрывается от громкости, музыкальный хаос достигает своего апогея, бум-бум, и вот уже последняя песня «Вечеринка закончилась».

Для жениха и невесты это останется на всю жизнь незабываемым и волнующим впечатлением, даже если им придётся принимать участие в свадебном обряде, где в главной роли будут другие партнёры, ещё пару раз в своей жизни. Но для джазового музыканта играть на свадьбах каждые выходные, в июне 5-6 раз в неделю, даже с этническими отклонениями – попури на еврейской свадьбе, тарантелла на итальянской, «Зелёные поля» или «Мальчик Дэни» на ирландской и так далее – невыносимо. «Музыка» так гремит, что даже сами музыканты затыкают себе уши, строй никакого значения не имеет, по пути домой осточертевшие мелодии продолжают зудеть у тебя в ушах.

Через пару лет таких испытаний моя железная выдержка начала подавать признаки коррозии. Где-то ближе к середине свадебного гуляния, когда становится труднее всего, я начинал молиться Богу. На полном серьёзе я обращал свои мольбы к Всевышнему: «Господи, помилуй, сотвори, пожалуйста, чудо, сделай, пожалуйста, так, чтобы Арт Блэки за мной пришел и сказал, что я должен начать работать с его оркестром сегодня же». Я был совершенно готов к явлению Посланца Божьего и в точности знал, что надо делать, – даже до того, как он начнёт говорить что-нибудь вроде: «За каким чёртом ты здесь околачиваешься? Ты же должен с моим оркестром играть. Мы сию минуту должны ехать на концерт, иди занимай своё место в машине, она у выхода ждёт». В воображении я ясно видел себя укладывающим трубу в футляр и бегущим к выходу под радостные улюлюканья музыкантов и удивлённые возгласы потрясённых гостей.

Как-то мне позвонил Володя Чижик, мой хороший приятель по Москве. Он по всем легальным правилам иммигрировал в Израиль и два-три месяца спустя объявился в Нью-Йорке. Он был очень хорошим первым трубачём и всегда работал в самых престижных оркестрах – Радио, Телевидение. В Нью-Йорке ему приходилось трудно на первых порах находить хорошую работу в качестве музыканта и он был вынужден снизойти до работы торговца автомобилями и играть на этнических еврейских свадьбах, где он очень быстро преуспел. Мне кажется, в Чижике был настоящий американский дух – начинай с чего угодно и оттуда двигайся дальше, не обращая внимания на некоторых других иммигрантов, которые ждут каких-то мифических высоких должностей, а кончают тем, что бездельничают годами. Чижик теперь миллионер, правда, на трубе он больше не играет.

– Валера, спасай, поезжай на замену сегодня. У меня две свадьбы в одно и то же время. Музыка очень простая, ты всё с листа прочтёшь без всяких проблем. Платят 150 долларов, – выпалил Чижик на одном дыхании.

– 150 долларов в понедельник!?

– Да, да, 150.

150 в 74 году это всё равно что 300 сегодня.

– Одну минуточку, это одна из этих этнических свадеб, на которых ты работаешь?

– Да. Тебе нужен смокинг и кипала.

– Какая кипала?

– Ермолка, ну, шапочка такая, ну, как у Папы Римского.

– Послушай, я не могу это носить, я православный. Я крест ношу. Ты же его видел.

– Мне нравится твой серебряный крест. С обратной стороны на нём написано «Спаси и Сохрани», но это не имеет значения, надевай ермолку на голову и иди на работу, считай, что это твоя рабочая форма.

– А можно не надевать?

– Нет, нет, ты обидишь гостей.

– Послушай, я не хочу скрывать, что я христианин.

– Тебе и не надо ничего скрывать. Я уже всё рассказал о тебе руководителю оркестра. Для них не важно, какой ты религии. Кто с музыкой справляется, тот и работает. Ты в Америке, мой друг, – выполняй своё дело и тебе везде будет хорошо. Им трубачи нужны. Ты можешь там работать сколько хочешь, работы очень много и оплачивается хорошо. А в свободное время будешь играть свои джазовые халтуры по 20 долларов. Валера, ты не можешь уподобляться доктору, который лечит только насморк. Ты должен выполнять работу, которая есть. Ты должен зарабатывать на жизнь трубой, а не такси водить.

150 долларов в понедельник! Вы что, смеётесь? Меня особенно не нужно было уговаривать. Так я отправился на мою первую хасидскую свадьбу. Работа есть работа. Чижик был абсолютно прав. Даже моя мать, когда я только начал работать музыкантом, не возражала, если я

играл в канун Пасхи, потому что это была работа, а не гулянье.

— Вот тебе ермолка и не снимай её с головы, пока ты на свадьбе, если хочешь работать, — сказал мне Мойша Шворцберг, руководитель оркестра. Как Чижик сказал, так и было — чтение с листа не представляло никаких трудностей. Вся музыка состояла из коротких мелодий вроде деревенских частушек, которые повторялись по многу раз. Мойша выкрикивал номер, и мы с тромбонистом, тоже новичком, в спешке листали страницы книги песен с названиями, написанными хибру-иероглифами, пока руководитель играл первую часть песни, которую он называл «Верхняя Часть». Иногда он протягивал руку к книге и открывал её на нужной странице, хотя мы ещё доигрывали предыдущую песню. В духовую группу ещё входил саксофон. Саксофонист также играл на флейте. Это был высокий, молодой, как я и тромбонист, парень с чёрными усами. В России я бы его принял за кавказца. Этот парень знал все песни наизусть, и у него был хороший звук и на альте, и на флейте.

В некотором отношении происходящее напоминало свадьбы, на которых я играл с Колей, но во многом они и различались: посередине зала, от стены до стены, проходила ширма-перегородка или что-то вроде забора, разделявшего его на две половины — мужскую и женскую, где гости сидели за столами или танцевали, часто держась за руки. Прямо, как русский хоровод. Иногда женщины прилипали к отверстиям в перегородке и разглядывали мужскую половину или даже заходили на запретную территорию. Тогда кто-нибудь из мужчин, наиболее ревностный блюститель религиозного порядка, отгонял их.

Усилительная система надрывалась, как на любой другой свадьбе. Хороводы и частушки создавали какую-то эксцентричную обстановку. Слишком не похоже на джаз. В один из перерывов я взял трубу и пошел на лестницу за выходом из зала, чтобы дать своим ушам долгожданный отдых, и тут же, забыв зачем я сюда пришёл, стал играть в пространство над лестницей разные джазовые фразы.

Вдруг чей-то высокий голос заставил меня вздрогнуть:
– Это ты! Из России! На хасидской свадьбе! Такие фразы играть! Господи помилуй! Сейчас я вернусь. – Это был альтист. Его красивое лицо выражало крайнюю степень изумления, глаза были навыкате. Он убежал через двери и окунулся в застоявшийся воздух, который, как облако, окутывал весь зал. Через минуту он опять появился на лестнице, но на сей раз с саксофоном в руках и тут же начал играть те же самые фразы, которые я только что проигрывал.

– Что такое? – теперь уже был мой черёд удивляться. Он был настоящим виртуозом. Я сыграл новую фразу. Он её за мной повторил. Я сыграл фразу на кварту выше – и он тоже. Я пошёл дальше по кварто-квинтовому кругу – альтист не отставал. Так мы прошлись по всем двенадцати тональностям. Потом он сыграл фразу, и я последовал за ним по всем диезам и бемолям.

Мы обнялись, как две потерянные души, которые только что нашли друг друга.

– Марти Ласкин. Извиняюсь, не было возможности представиться перед началом работы. Я только знал, что ты из России. Теперь много музыкантов из России играют на этих свадьбах. Они все очень хорошие музыканты, но джаз не играют. Слушай, я потрясён!

– Меня зовут Валерий Пономарёв, я приехал пять месяцев назад.

– Ты еврей?

– Нет, я не еврей, я заменяю Владимира Чижика.

– А как ты выехал из России?

Это был вопрос, на который мне приходилось отвечать каждый раз, когда я с кем-нибудь знакомился в течение последних пяти месяцев. Мог ли я подумать, что мне придётся отвечать на этот вопрос ещё много-много раз в

9 В. Пономарев

последующие годы. В ответ я ему выдал сокращённый вариант моей истории с побегом. К тому времени я натренировался отчеканивать этот текст, как намертво зазубренный урок.

– Ты хорошо говоришь по-английски. Как ты научился играть так здорово?

Это был следующий вопрос, на который мне приходилось отвечать чаще всего. Без единой запинки я отчеканил следующий заученный монолог.

– Хорошо бы ты остался на этой работе. Было бы замечательно играть в одном оркестре. Мы бы тогда импровизировали на танцевальные мелодии. Я иногда играю на джазовых халтурах, но за них ничего не платят. Поэтому я не могу себе позволить не работать на свадьбах. Если я откажусь раз-другой, мне перестанут звонить и я потеряю работу. Что завтра делаешь? Приходи ко мне в гости, можно подуть вместе, послушаем музыку. После работы я тебя познакомлю со своей женой. Она всегда за мной заезжает, чтобы вместе ехать домой.

Красавица Бэс и Марти стали моими хорошими друзьями. На следующей свадьбе произошло пренеприятное событие – во время перерыва Марти сломал ногу. Сначала я подумал, что он шутит, потому что я не видел, как он ушибся. Спокойным и размеренным тоном, как диктор Совинформбюро, он доложил мне, что только что сломал ногу в лодыжке. Никаких вскриков или гримас боли на лице, просто он не мог двигаться, так что мне пришлось тащить его на спине на сцену. Две последующие свадьбы мне пришлось пропустить, потому что джазовые халтуры в «Сонис, Си Форт Лонг Айленд» и в «Чёрчилс», обе по 20 долларов, подвернулись неожиданно. Но потом я опять вышел на работу. В соответствующей форменной одежде я сидел рядом с Марти в духовой группе. Его левая нога была в гипсе, а костыли аккуратно сложены поверх футляра от саксофона.

На этой работе видения Арта Блэки, входящего в зал,

стали посещать меня с самого начала первого отделения, потом второго, третьего и т.д. В конце концов каторга заканчивалась, и я выходил на свободу, предварительно получив зарплату, очень часто наличными. Тут я садился в машину и мчался в «деревню». Клубы были открыты до 3-4 часов ночи, так что я ещё мог захватить последнее отделение и даже поиграть. Чаще всего я ездил в «Бумерс» на улице Бликер, где высокого роста чернокожий мужик по имени Боб всегда как-то покровительственно проводил меня внутрь. По духу «Бумерс» был очень похож на «Микелс», только напоминал его богемный вариант. Позже я узнал, что Боб Купер был хозяином «Бумерса».

В Советском Союзе директор любой, самой последней забегаловки будет, как какой-то божок, сидеть в кресле у себя в кабинете, а сотрудники будут обхаживать его со всех сторон, пытаясь угадать каждое его желание. А тут хозяин клуба работает по совместительству вышибалой, доктор метёт метлой асфальт перед входом в свою лабораторию. Чудеса, причуды капитализма!

Вуди Шоу, Джуниор Кук, Слайд Хэмптон, Харольд Мэйбёрн и многие другие звёзды и суперзвёзды джаза обычно собирались в «Бумерс». Нетрудно себе представить среди них Ли Моргана, так нет же, должна же была с ним произойти эта дикая история! Его застрелила женщина, с которой он незадолго до этого разошелся. Произошло это в клубе «Слагс» (в переводе – кусок металла, а на жаргоне – пуля), который не очень отличался от «Бумерса» или «Микелса». Немного позже Харольд Мэйбёрн, который играл у Ли Моргана в оркестре на пианино, рассказал мне, как это произошло:

– Мы были на сцене, Ли солировал. Вдруг раздался выстрел. Ли нагнулся ко мне и спросил, не задело ли меня, и упал замертво.

Через много лет брат Ли Моргана, Джими, подарил мне фотографию своего великого брата с оркестром, которую он сделал в «Слагс» за день или два до того, как разыгралась трагедия. С тех пор эта фотография прикреплена, среди многочисленных фотографий других выдающихся артистов джаза, к стене в моей квартире.

Вне зависимости от того, чьё это было выступление, ближе к концу все кому не лень забирались на сцену и отводили свои музыкальные души. Здесь я впервые увидел Фрэди Хабарта. Он сидел у бара, как обычный посетитель, и потягивал что-то из бокала. Боб, хозяин клуба, или, может, кто-то из музыкантов, представил меня. Фрэди было очень любопытно послушать, как я играю, но мой аппарат, выдержав несколько отделений хороводов с пением псалмов, был совершенно не в состоянии играть перед «генералиссимусом» трубы. Через много лет, уже после того как вышел мой компакт-диск «С концерта в Суит Бэйзил», прихожу домой, слушаю сообщения на автоответчике – одно, другое, вдруг:

– Привет, Валера, говорит Фрэди Хабарт. Только что слышал «Тему для Эрни» в твоём исполнении. Ты сыграл замечательно, потрясающе. Спасибо.

Мать честная! Я прослушал сообщение ещё и ещё раз. Какой комплимент лично от «величайшего всех времён и народов». Само собой разумеется, что я вынул плёнку из автоответчика и положил её в письменный стол. Но плёнке не пришлось беззаботно отдыхать на своём новом месте, потому что я вынужден был доставать её из стола и заправлять обратно в аппарат в первые недели по нескольку раз в день, чтобы проиграть по телефону всем моим друзьям-музыкантам и любителям джаза. Ни в каком музыкальном магазине эту запись лучшего трубача в мире не приобретёшь, уж это точно.

Как здорово ни играли Вуди Шоу и все остальные на пластинках, они играли ещё лучше перед завсегдатаями «Бумерс». Сюда публика приходила, уже заряженная предвкушением прекрасной музыки. Сразу же после начала первого отделения искры в форме аплодисментов, притоптывания ногами и ритмической тряски голов, криков и возгласов и даже всяких шуток по адресу артистов на сцене начинали трещать со всех сторон. Из публики искры летели на сцену и со сцены обратно в публику, накаляя музыкальную атмосферу всё больше и больше. Обычно к тому времени, когда я приезжал в клуб, электрический накал, уже достигший своего апогея, безраздельно царил над всем происходящим. Музыканты, музыка и публика сливались в один блестящий сплав, и невозможно было решить, чей вклад был более важным, – в драгоценном сплаве все элементы одинаково важны. Поэтому, как известно, студийная запись ни в какое сравнение не идёт с выступлением в клубе.

«Барбарас» («У Барбары») был ещё одним клубом, который держал свои двери открытыми допоздна. Очень часто там устраивались «Джем-Сешн» для будущих звёзд. Начинающие музыканты со всего мира рвались заплатить входную плату в три доллара, чтобы таким образом приобрести себе полное право дуть в свои инструменты по блюзу в фа мажоре (проще формы не бывает), насколько сил хватает. Как заведут эти будущие звёзды блюз, так никакого спасения от них нет – часа на два одно и то же: неукротимые порывы «великих» страстей, инструмент хрипит, технической подготовки нет, знание гармонии полностью отсутствует. А участники ритм-секции жаловаться не имеют права – деньги уплачены, человек имеет право дуть, сколько его душе угодно. В дни, когда проводился «Джем-Сешн», в клуб набивалось целое стадо парней с инструментами, запишут своё имя в список и сидят – ждут, когда их вызовут. Иногда девушки присоединялись к обычной клиентуре клуба. В основном это были будущие Билли Холидэй. Вне зависимости от того, из какой части света она приехала, её ответ на вопрос: «Что ты хочешь спеть?» – всегда был одинаков: «Моя потешная Валентина», подтверждая ещё и ещё раз, что тот, кто сочинил следующий анекдот: Вопрос: «Сколько нужно певиц, чтобы спеть «Моя потешная Валентина»? Ответ: «Очевидно, все до единой», – был абсолютно прав. На высочайшем эмоциональном уровне и с видом искушённой в жизни светской дамы, без сомнения, репетированным часами перед зеркалом, она будет в течение нескольких тактов пытаться вступить и потом в отчаянии нестройно пропищит первые слова песни с самой дикой артикуляцией и акцентом, сбившись с такта, совершенно нарушив равновесие формы. «У Барбары» – какой бы это был остров сокровищ для мистера Хиггинса, чтобы изучать в одном месте акценты со всего мира!

Мне платить за вход не нужно было, потому что мой новый товарищ, саксофонист Джеф Хитман, заправлял этими «Джемами» и всегда предлагал мне поиграть с его оркестром до начала основного мероприятия. Так что его девушка, красавица Нэнси, которая сидела за столиком перед дверью и собирала плату за вход, всегда меня пропускала бесплатно. В оркестре у Джефа на барабанах играл Джо Джоунс Младший и Эрл Кларк на пианино. Басиста я не помню, но в том, что он играл хорошо, можно не сомневаться, иначе бы он не попал в одну компанию с Эрлом и, в особенности, с Джо, который учился играть у одного из величайших барабанщиков в мире, своего отца. Для любого музыканта таких рекомендаций вполне достаточно.

Впервые увидев Джефа Хитмана, я был поражен, насколько он похож на моего московского товарища Виталия Клейнота. Теперь-то я уже привык к этому феномену, но в первое время не уставал поражаться сходству людей в Советском Союзе и в самом центре капиталистического мира. То Гогу увижу в супермаркете, то Россин сидит в метро и ухмыляется. Моя первая мысль: «Как он сюда попал? Не позвонил». Подойду поближе – нет, другой человек, а похож. Джеф и его двойник совершенно одинакового роста, очень похожи лицом, оба довольно худые, одинакового телосложения, одинаковые прямые плечи, оба голубоглазые блондины и, как будто этого всего не достаточно, оба играли на тенор-саксофоне, причём очень похоже, плюс к тому оба фанатически поклонялись Сони Роллинсу и старательно изучали его игру. Джефу даже посчастливилось брать уроки у легендарного саксофониста. Кое-какие различия между ними всё-таки были: Джеф обладал грандиозной коллекцией пластинок, которая размещалась у него в квартире. У Клейнота тоже было очень много музыки в доме, но на плёнках. Джеф, первым делом с утра накурившись, с Нэнси или без неё, марихуаны (Клейнот, приняв водки, в одиночку или со своей будущей женой Мариной), принимался заниматься на саксофоне или списывать с пластинок соло своих любимых музыкантов, в основном Сони Роллинса. Ну точно, как Клейнот в Москве. Только Джеф списывал прямо с пластинки, вертящейся на проигрывателе. Поднимет тонарм с иголкой и потом опустит его обратно на пластинку, всё вручную, каждый раз, когда ему нужно было прослушать ноту или группу нот.

Каждое соло, даже короткое, состоит из большого количества нот. Я видел, как Джеф работает: иногда он схватит ноту с первого раза, но обычно ему требовалось от трёх до десяти или даже двадцати прослушиваний одного и того же места. Нисколько не сомневаюсь, что если бы он хоть раз посмотрел на поверхность пластинки до начала своего обычного утреннего расписания, он бы воспользовался каким-нибудь другим методом переноса звука на бумагу. А может быть, ему слишком не терпелось записать драгоценные ноты в тетрадь или, может, он думал, что всегда сможет купить новые пластинки, кто знает. В конце концов Джеф жил в зажиточной стране. Как он мог себе представить в начале семидесятых годов, что в один прекрасный день в магазинах будут продаваться только компакт-диски, а пластинки станут музейной редкостью? Его громадная коллекция сейчас бы стоила очень много денег, если бы только пластинки не были безнадёжно заиграны, иногда буквально до дыр.

Много раз я слышал от Джефа историю о том, как он познакомился со своим учителем...

– Я ещё мальчишкой был. Мы жили в том же здании на улице Грант, что и сейчас, недалеко от Бруклинского моста. Один раз мы с отцом стоим в очереди за свежеиспечёнными бубликами, наша булочная самая лучшая в Нью-Йорке, как тебе известно, и тут я его увидел, стоящего на несколько человек впереди нас. Я изо всей силы потянул отца за рукав и заорал благим матом: «Па, это он, это он лично. Я хочу научиться играть, как он. Я его видел по телевизору. Па, что-то надо делать». Мой отец подошёл к Сони Роллинсу и тут же на месте договорился об уроке. Уже сколько лет прошло, а Сони Роллинс до сих пор поднимает трубку, когда я звоню, и присылает открытки на Рождество. У меня их уже двадцать с лишним накопилось. Один раз, по дороге в Монреаль, я даже к нему домой заехал на севере штата Нью-Йорк, – тут Джеф всегда добавлял: – Валер, хочешь вместе поедем в следующий раз?

Даже не знаю, что бы Клейнот сделал, если бы ему представилась возможность учиться у своего кумира. Отвернул бы, наверное, себе голову от счастья. Один раз он пробрался в поезд, идущий по маршруту Москва-Прага. Поезд вёз группу московских музыкантов и комсомольцев, утверждённых соответствующими органами, на Пражский Джаз-фестиваль. Клейнот, наверное, думал, что всё как-нибудь образуется, но ничего, конечно, не образовалось и его ссадили на первой же остановке. Хорошо ещё в тюрьму не попал.

Как-то я подкатил к «Микелс» слишком поздно, когда Арт Блэки и все остальные уже выходили из клуба.

– Эй, Валерий, чем ты теперь занимаешься? – он меня заметил, когда я вылезал из своей десятилетнего возраста громадины.

– Работаю там и сям, занимаюсь. Спасибо за ваше участие. Как сегодня концерт прошел?

– О, веселились, как на новогоднем балу, а ты где был? Ты сегодня похож на официанта, – Арт знал, конечно, что я приехал с какой-то халтуры, где надо было выглядеть официально, и просто подшучивал надо мной. Так я посмеялся, и всё.

В один зимний вечер того же года я шел по улице Бликер в «деревне» и натолкнулся на Джона Маршала, моего приятеля, очень хорошего трубача.

– Эй, Валера! Что это происходит? Я слышал, что Бил Хардман ушел из оркестра и человека два уже пробовались на его место. Ты там должен работать, это твоя работа.

Слова Джона «Это твоя работа» привели в движение мысль о работе в оркестре Арта Блэки, которая дремала где-то в закоулках моего сознания. Почему бы и нет? Играть я умел. Я это знал. Тут уж мне никого не надо было спрашивать. К тому времени я прожил в Нью-Йорке уже больше двух лет. Как быть? В тот же вечер я встретился на улице с ещё одним знакомым – Бобом Минтцером, замечательным тенористом и аранжировщиком.

– Боб, что мне делать? Десять минут назад я видел Джона Маршала, он сказал, что Арт Блэки прослушивает трубачей.

– Подойди к нему и скажи, что ты хочешь с ним работать, он сейчас в городе. Почти каждый вечер он проводит в «Бумерсе».

Остаток дня я провёл, сочиняя обращение, которое должно было выразить идею о том, что для меня ничего в жизни не имело никакого смысла, кроме работы с «Посланцами Джаза».

Как Боб сказал, так и было, – когда я пришел вечером в «Бумерс», Арт Блэки уже там сидел. За столом с ним сидели ещё пара человек, и они все что-то обсуждали. Арт меня заметил и подмигнул. По его виду я понял, что в данный момент его лучше не отвлекать. И я занял стол в стороне, довольно далеко от Арта Блэки, но достаточно близко, чтобы покрыть всё расстояние периферическим зрением. Прошло сколько-то времени, и дискуссия за столом Арта Блэки стала затихать, а потом он встал и направился к выходу. Я тоже встал и пошел навстречу посланцу Божиему.

– Мистер Блэки, я так хочу играть в вашем оркестре, что ничего для меня больше не имеет никакого значения, – услышал я свой собственный голос, произносящий слова, которые совсем не входили в заготовленную речь.

– О, Валера, твоё имя уже обсуждалось несколько раз. Дай свой телефон нашему рабочему сцены Джиму Грину, вон он стоит, – и мистер Блэки указал на сравнительно высокого мужчину, стоящего у выхода.

– Спасибо, мистер Блэки.

– Мистер Грин, мистер Грин, меня зовут Валерий Поно...

– Я знаю, я знаю, мы о тебе уже говорили много раз. Дай мне свой телефон. Мы скоро начинаем репетировать. Я тебе позвоню и сообщу, где и когда будет репетиция, – сказал он с видом человека, который хочет выглядеть важным, но от которого ничего не зависит. Взгляд его был как будто затянут какой-то пеленой, как будто он меня видел сквозь сон. Может потому, что зрачки его глаз были обрамлены желтовато-зелёной оболочкой. Я только ко подумал: «Уж не катаракта ли у него начинается. Не дай Бог!»

– Спасибо, Джим, вот мой телефон.

Он мне дал свой телефон и телефон Арта Блэки и пожал руку. Его кисть была значительно припухшей, как после сильного укуса осы.

Так я познакомился с Джимом Грином, работником сцены в оркестре «Посланцы Джаза», это означало, что в его обязанности входило расставлять барабаны на сцене, водить машину и ещё много разных мелочей. Шел декабрь 1976 года. Позже я узнал, что Джим всё-таки исполнял очень важную работу в оркестре, которую лучше него никто не мог выполнить. Об этом позже.

Я вышел из «Бумерса» с сознанием того, что «долгое» завершилось, а будущее началось. Подумать только! Ведь он же сказал: «Мы начинаем репетировать скоро. Мы о тебе уже говорили несколько раз». Ну и подарок на Рождество и Новый год! Ух ты! Даже не помню, как я добрался до дому или куда я поехал. Мне кажется, я бесцельно бродил по улицам, переживая ещё и ещё раз прыжок из Прошлого в Будущее.

Тогда я ещё жил в технологической эре, которая тоже вскорости кончилась, до моего первого автоответчика. Едва войдя в квартиру, я каждый раз задавал один и тот же вопрос: «Мне кто звонил?» Если телефон звонил, когда я был дома, то тут всякая жизнь в квартире, включая занятия на трубе, останавливалась и я хватал телефонную трубку. Ну что ты скажешь? Опять не то! То страховка какая-то, то предлагают какие-то сковородки купить в рассрочку, то ещё какая-нибудь никому не нужная пакость беспардонно вламывалась в мою жизнь и вытесняла «настоящий» звонок, несущий время и место репетиции. Но я всё равно не беспокоился. С того момента, когда я перелетел из Прошлого в Будущее, в моей душе поселилось твёрдое убеждение, то самое, которое потом всегда подтверждается, что я уже был принят в оркестр. Так продолжалось с пару недель, и я стал задумываться над американским выражением «Не утруждайтесь, нам звонить не надо. Мы вам сами позвоним». Что-то в этом, наверное, было. От других иммигрантов я слышал, что в Америке считается неприличным надоедать людям со своими проблемами. Если тебе не звонят, значит ты не нужен. Но Джим ведь дал мне телефоны свой и даже Арта Блэки. Я терзался сомнениями. «Может, всё-таки позвонить?», «А что, если мне скажут: «Не надоедай. Не беспокой нас», – или ещё что-нибудь в этом роде». «А что, если они всё-таки не принимали меня всерьёз, а просто разыгрывали роль «вежливых людей», которые наобещают чёрти чего, а сами и не думают ничего выполнять». Уже шел январь, прошли все праздники – Рождество, Новый год, русское Рождество и русский Новый год по старому стилю. Только до моего дня рожденья ещё оставалось несколько дней. Я решил, что если к тому времени они не позвонят, значит всё, не нужен, а всё остальное это так – западная вежливость. Много раз мне приходилось слышать, как нью-йоркские музыканты говорили друг другу: «Ты так играешь, что просто жопа на отрыв! Ты должен работать» или «Здорово у тебя всё звучит», – просто чтобы поддержать, подбодрить музыкального собрата. Ни для кого не секрет, что трудности часто настигают представителей всех видов искусств, в особенности джаза. Да, я согласен, что надо поддерживать друг друга, если и не предложением работы, то хотя бы добрым словом, но мне казалось, что Арт Блэки был выше этих розыгрышей.

Мой день рожденья стремительно приближался, но «настоящий» звонок всё не нарушал беспокойного затишья в моей квартире. Если бы там какая-нибудь девушка мне не позвонила поздравить с днём рожденья, я никогда бы ей не позвонил, но тут речь шла о «Посланцах Джаза». К этому времени я уже должен был ходить на репетиции. Он же сказал: «Ты будешь у меня в оркестре играть».

Прилично или неприлично, манеры не манеры, чёрт с ними, с манерами, я решил позвонить. А что мне было терять? Я рассуждал так – если скажут, что я должен был подождать, пока Арт Блэки сочтёт нужным позвонить, или что-нибудь вроде: «Ты почему нас беспокоишь? Мы тебе звонили, что ли?» – ну, значит, ничего не поделаешь. Как говорится, «чему быть, того не миновать», во всяком случае, всё будет ясно.

Я чувствовал себя, как мальчишка в школе, которого учительница отправила к директору с запиской, а в голове у него только одно: «Ой! Ну что теперь будет?»

– Алё. Кто это? – сказал кто-то в трубке медленным, запинающимся голосом.

– Это квартира Джима Грина? Говорит Валерий Пономарёв.

– Кто? Это Джим Грин. Кто говорит?

Ну вот, сейчас он мне всё скажет. Какой же я дурак был, нафантазировал себе черти чего.

– Это Валерий Пономарёв, трубач из России. Вы мне дали свой номер телефона. Вы сказали, что позвоните и сообщите время и место репетиции. В «Бумерс». Помните?

– О, Валерий, где ты пропадал? – речь Джима была очень похожа на Гогин говор или на говор любого другого москвича в беспробудном запое. – Ты что, не знаешь, что ты должен быть на репетиции завтра? Тут он мне выложил адрес Арта Блэки младшего. Гостиница «Камелот» в четыре часа.

– Что?

– Я сейчас занят, – сказал Джим тем же запинающимся голосом, растягивая слова, и связь оборвалась.

Завтра! Завтра! Гостиница «Камелот».

Воссоединение с семьёй

Без десяти четыре я подошел к дому № 202 на западной стороне 35-й улицы, адрес гостиницы «Камелот», который мне дал Джим.

– Какой «Камелот»? Ни о каком «Камелоте» в этом районе я никогда не слышал. Я знаю «Камелот» на 45-й улице, – сказал мне прохожий.

Я спросил другого прохожего. Ответ был:

– Ни о каком «Камелоте» на этой улице я никогда не слышал.

Ну, я попал! Арт Блэки, наверное, уже отсчитывает: «раз-два, раз, два, три – вступай», а я приехал не по адресу. Господи! Что же это происходит? Я рванулся к ближайшей телефонной будке. Телефон не работает. Чему удивляться? Когда нужно срочно позвонить, ближайшие телефоны-автоматы всегда испорчены – точно, как в Москве. Я перебежал улицу, потом авеню, потом ещё одну улицу, дальше и дальше. Тут я увидел на противоположной стороне следующей улицы девушку за стеклянной витриной продуктового магазина, разговаривающую по телефону. Этот должен был работать нормально. Я решил бить наверняка и подождать, пока девушка закончит разговор, вместо того чтобы бегать от будки к будке и выбрасывать монеты коту под хвост.

Когда я подошел, девица повернулась спиной к окружающему миру и продолжала разговаривать, буквально слившись в одно целое с телефонным аппаратом. Этот аппарат явно работал очень хорошо, потому что она говорила и говорила и её хорошо сложенный зад, подчёркнутый мини-юбкой, не выказывал никакого намерения покинуть будку общественного телефона. Ну что ты скажешь? Сколько же можно разговаривать? Вот тебе, пожалуйста! Когда же она наговорится? А вообще, что это с женщинами такое? Почему это им всё время надо говорить? Я вспомнил двух женщин за обеденным столом в Италии. Полтора часа они говорили о сумочке в горошек, которую одна из них собиралась купить. Полтора часа! Итальянский язык такой богатый и красивый, неужели больше не о чем поговорить, а только ля-ля-ля, ля-ля-ля. Закуски подали, первое блюдо, второе, десерт, фрукты, уже кофе выпили, а они всё ещё говорили о каком-то дурацком горошке. Я думал, что та парочка установила мировой рекорд. Нет, теперь мне стало казаться, что американская команда их побьёт. Иногда «чувичка» опускала в аппарат добавочную монету, исподлобья посматривая на меня, и, убедившись, что я ещё не ушел, опять поворачивалась к своей собеседнице.

— Он тебя не заслуживает.., я современная женщина.., он не слушает, что я ему говорю.., она не умеет танцевать.., меня пригласили в ресторан.., она бы никогда не сошлась с Доном так надолго, если бы я не дала ей своё желтое с красным бантом платье.., ему от неё только одного надо.., она его всем обеспечила.., он не может ни на какой работе удержаться.., она не умеет готовить.., — до моего уха доносились обрывки разговора, который по содержанию и продолжительности приближался к рекорду в Книге Рекордов Гиннесса. «Звёзды сегодня неправильно стоят», — только я подумал, как произошло чудо, — зад, маячивший передо мной, вильнул по новой траектории и я услышал: «Перезвоню в следующем перерыве».

Она даже трубку повесила и, предварительно проинспектировав содержимое своей сумочки, освободила будку, окинув меня взглядом абсолютного превосходства. Я выхватил из кармана клочок бумаги, на котором Джим записал телефоны, и набрал номер Арта Блэки.

– Лезиденция Алта Блэки, – трубка заговорила женским голосом с японским акцентом.

– Это Валерий Пономарёв, позовите, пожалуйста, мистера Арта Блэки.

– Мистел Алт Блеки квалтила нет.

– Вы не знаете случайно, где проходит репетиция?

– Лепетиция Алт Блеки младший.

– А?

После значительной дискуссии я наконец понял, что адрес репетиции был правильный – название было не то – гостиница «Камелот» на углу 45-й улицы и 8-й авеню, это где Арт Блэки жил, а репетиция проходила по адресу, который мне Джим дал, но это был не «Камелот», а адрес Арта Блэки младшего, где иногда проходили репетиции. Совершенно убитый, я помчался туда, зная, что здорово опоздал. Ну дела, что обо мне подумают? Беги, беги. Вот и дом № 202, вверх по лестнице, нажал звонок. Никакого ответа. Позвонил ещё раз. Слышу какие-то глухие звуки за дверью, но никто не открывает. Опять позвонил. На этот раз послышались лёгкие шаги.

– Кто там? – спросил приятный женский голос. Я назвал себя...

– Сейчас, сейчас, одну минуточку.

Раздался лязг металла, а за ним звук ключа, поворачивающегося в замке, и дверь открылась.

Невысокая женщина с добрыми чертами лица жестом пригласила меня войти.

– Ребята придут с минуты на минуту. Валерий, новый трубач в оркестре, да? Добро пожаловать.

Я её поблагодарил и вошёл. Справа я увидел проволочную клетку, а в ней довольно большую обезьяну. Она цеплялась руками и ногами за сетку, чтобы вытянуться во всю свою длину и прыгала назад, потом опять прыгала на сетку, вытягивалась во всю длину и так далее. Звуки прыжков-то я и слышал за дверью.

– Нравится вам наша обезьяна? Меня зовут Одри, я жена Арта Блэки младшего.

– Рад познакомиться.

– Пожалуйста, проходи сюда, – я повесил пальто на вешалку, и мы перешли в другую комнату небольшой квартиры. У стены справа стояло пианино, а между окнами ударная установка.

– Располагайся, будь как дома, – сказала Одри в унисон с дверным звонком, объявляющим чьё-то прибытие. Я и не опоздал, оказывается. У меня камень упал с плеч – слава Богу, не надо было объяснять отсутствие пунктуальности.

Вошёл Дэвид Шнидер. Одетый в жилет, он выглядел ещё меньше, чем в клубе «Пять Точек». У него был немного недовольный вид. Тут же Дэвид спросил о каких-то выходных. А я откуда мог знать? К тому времени Дэвид играл в оркестре уже три года. Всего Дэвид пробыл в оркестре шесть лет. Из всех «посланцев», мне кажется, он играл дольше всего. Звезда на репетиции – вот в чём было дело. Только я его не воспринимал как звезду. Для меня вообще никто такой уж бесспорной звездой не был, за исключением Арта Блэки. Дэвид сказал ещё что-то, что, по-видимому, должно было подчеркнуть его привилегированное положение в оркестре, и дверной звонок продребезжал ему в ответ. Вошёл высокий и худощавый парень с футляром от альт-саксофона в руке. Он имел какой-то обиженный вид потерянного щенка, ждущего указаний. Это был Бобби Уотсон. Следующим объявился опять молодой парень, на этот раз курчавый блондин с контрабасом. Одет он был в какое-то чудное пальто – настоящий гибрид военной шинели и банного халата. На ногах у него были домашние тапочки, сшитые из очень тонкой материи, слишком лёгкой даже для ванной, а был январь со своими дождями и слякотью. Такси, наверное, доставило его от двери до двери. Это был Денис Эруин. Тут же за ним вошёл Уолтер Дэвис. В квартире Арта младшего он выглядел совершенно естественно. Пройдя привычной походкой к пианино, Уолтер раздал нам ноты. Это был новый состав оркестра, который критики и любители джаза во всём мире уже с нетерпением ждали возможности услышать и посмотреть. Так я познакомился со своими собратьями по оркестру Арта Блэки «Посланцы Джаза». Сам он потом много раз повторит в будущем: «Вы не просто поступили в оркестр, вы вошли в семью».

Репетиция быстро набирала ход. Мы просматривали новую композицию Уолтера Дэвиса «Цыганские Сказки», когда объявился Арт Блэки. Он просто подошел к установке, устроился поудобнее и начал играть. С первых же звуков партии ударных тема преобразилась в шедевр. Вся аранжировка: вступление, мелодия, все соло, мелодия на коду, кода – всё встало на своё место и выполняло свою роль, внося вклад в общий звуковой эффект.

– Поскорей бы записать «Сказки», – сказал Уолтер.

– А новички просмотрели уже «Уран»? – Арт обратился с вопросом к музыкальному директору.

– Нет, мы прошли ещё только «Цыганские Сказки», «Джоуди» и «Рани, потрясающая леди». Мужики, достаньте «Уран».

«Уран» была замечательная тема, сложная до невозможности, но замечательная. Это была новая композиция, записанная впервые предыдущим составом всего только несколько месяцев назад. Я слышал пару раз, как они её играли в «Микелс», и все-таки не совсем ясно себе представлял её форму и гармонию, аккорды к которой менялись каждые полтакта в сногсшибательном темпе. И тем не менее, ух какая это была волнующая тема!

Совершенно другое дело, когда ноты стоят перед тобой. Тема эта мне ужасно нравилась, музыкальные фразы сами собой выходили одна за другой. Бобби и Денис тоже разыгрались. Оркестр звучал сильно.

– Вот это да! Переписать бы «Уран». Как здорово звучит! – так музыкальный директор прокомментировал наше чтение с листа.

Жалко только, что не всё оказалось таким же впечатляющим, как на репетиции. Не знаю, как у других, но у меня были трудности с «Ураном» некоторое время. Я был собой недоволен. Каждый раз перед началом последующих концертов Арт спрашивал новых участников оркестра, разобрались ли мы с «Ураном». Я сказал: «Да», – будучи уверенным в том, что при поддержке оркестра сыграю его по памяти без всяких проблем, как и все остальные темы. Да, все остальные темы я играл по памяти без каких бы то ни было затруднений, а вот «Уран» нет. Один раз, второй – даже если я и кончу своё соло, где полагается, я всё равно наделаю достаточно ошибок, чтобы с трудом посмотреть Артуру прямо в глаза. Потом-то разобрался. Теперь, через много лет, я часто думаю об Уолтере и его шедевральной теме. Когда-нибудь я её запишу на своём собственном диске.

Арт Блэки тоже очень любил эту тему. Не один раз я от него слышал: «Уолтер сочинил много тем и, уж конечно, эту».

Копировальной машины не было, так что, когда репетиция закончилась, я собрал ноты и огляделся в поисках места, где бы пристроиться с нотной бумагой и партиями, которых было всего штук десять. Сзади и левее от меня стоял приличных размеров круглый стол. За ним, с карандашом в руке, сидел новый гость. Он, наверное, пришел, когда мы репетировали. Гость очистил стол и с дружелюбной улыбкой пригласил меня располагаться. Я так и сделал, поблагодарил его и начал переписывать партии, зная, что спросить разрешения взять домой оригиналы было бы неуместно. Несколько человек ушли домой, а Арт и Уолтер остались. Они стояли неподалёку и разговаривали. Я знал, что их задерживаю, и переписывал с предельной скоростью, но все-таки не достаточно быстро. Если бы я прибавил скорости хоть чуть-чуть, то ошибки пробрались бы в ноты – и не заметишь.

– Валерию можно доверять. Уолтер, разреши ему взять ноты домой, – услышал я голос Артура, – эй, Валер, всё в порядке. Иди сюда, познакомься с Оскаром Петифордом младшим.

Ух ты! Человек, который сидел за столом, до того как мне нужно было место разложить ноты, оказывается, был сыном великого Оскара Петифорда.

– Валерий Пономарёв, очень рад с вами познакомиться, – сказал я и протянул руку. Он её схватил своей сильной пятернёй и сжал так, что я подумал, он мне раскрошит пальцы.

– Ты играешь прекрасно. Моему отцу твоя игра бы очень понравилась, – сказал Оскар, выпуская наконец мою руку и подал мне кусок бумаги. Это был хороший набросок моей персоны с трубой.

– Это очень хороший набросок, – сказал я, заметив определённый талант, – я сам окончил художественную школу в Москве, а потом уже занялся всерьёз музыкой. – Я не мог не признаться, что тоже был художником.

– Приходи как-нибудь ко мне в гости, я тебе покажу свои работы.

Я поблагодарил своего нового друга, и все направились к двери.

Снова записать «Уран»? Вот это да! Может, я что не так понял? Когда мы были уже на улице, я спросил Уолтера, что он имел в виду.

– Нет, нет. Тема только что записана. Нет, мы не можем ещё раз её записывать так скоро. У нас и так есть целая куча новых тем, над ними будем работать.

Я побежал домой со всех ног. Следующая репетиция была только через два дня. Я обязан был выучить всё наизусть. Остаток того вечера и весь следующий день, за исключением занятий на трубе и выполнения кое-каких обязанностей по дому, я был занят запоминанием нот: попытаться воспроизвести в памяти звучание темы, обдумать, посмотреть на ноты, повторить, посмотреть, закрыть глаза, открыть, закрыть. Я применял все приёмы, которым когда-то научился из книг об укреплении памяти.

На следующую репетицию я приехал вовремя и по правильному адресу. Мне кажется, обезьяна меня узнала, во всяком случае, мне показалось, что мой очень отдалённый родственник хотел поделиться со мной бананом, когда я переступил порог квартиры Артура младшего. Довольно скоро пришел Бобби. Ожидая прибытия остальных, мы разбирали свои инструменты и разговаривали. Оказалось, что Бобби из города Канзас в штате Канзас и только что окончил Майамский университет по классу композиции, а саксофон был его второй страстью.

– Мой учитель часто говорил: «Недостаточно только сочинять хорошую музыку. Если ты хочешь, чтобы твою музыку исполняли другие музыканты, ты должен научиться хорошо играть на своём инструменте. Тогда ты будешь играть в оркестрах и приносить туда свои сочинения». Теперь мне так же нравится играть на саксофоне, как и сочинять музыку, – рассказал мне мой новый брат по «Посланцам Джаза» и достал из футляра партитуру. «Время покажет» было написано профессионально и хорошим почерком.

Из всех «Посланцев» в первые годы я общался с Бобби больше всего. Ну и заполучил я себе брательника! Между некоторыми братьями взаимоотношения складываются очень мирные и конструктивные, кто-то грызётся, как кошка с собакой. Мы с Бобби были самыми занятными братьями, которых мне когда-либо приходилось встречать: то закадычные друзья, то очумевшие противники, а в промежутках тьма всяких развлечений. Насколько я понимаю, такая ситуация может сложиться в любой семье.

Вскоре объявились и все остальные участники оркестра, включая Арта Блэки. Бобби и Дэвид расставили перед собой пюпитры и положили на них папки с партиями, Денис устроился слева от духовой группы, Уолтер справа, а Арт Блэки, сев за барабанами лицом к нам, замкнул круг.

— Доставайте «Цыганские Сказки». Валерий, где твои ноты? — в голосе Арта Блэки, которому поскорее хотелось начать играть, слышны были нетерпеливые нотки.

— Мои ноты на месте, — ответил я.

— Где они? Я их не вижу, — сказал Арт, на сей раз с явными признаками раздражения в голосе, и указал на пустое место передо мной.

— Мои ноты на месте, — повторил я.

— Мне нужно... — Арт начал предложение в совершенно новом тоне.

— Да он всё наизусть выучил, — перебил его Уолтер, довольный, что он первый разгадал головоломку.

Артур оценил обстановку, и последовал счёт: раз, два, раз, два, три, четыре.

Первые концерты были самыми трудными. Каждый раз по окончании своей партии я оборачивался назад посмотреть, на месте ли Арт Блэки, — он всё ещё играл, и его захватывающий специфический звук исходил от ударной установки. Это было потрясающе! Я не мог удержаться, чтобы не выйти за кулисы, из поля зрения публики, и не закрыть глаза, — ну точно как в Москве, один на один с моим Магом 8. Я ущипну себя и открою глаза — Арт Блэки на своём месте, наяву, а не во сне. Постепенно я к этому привык.

После одного из таких концертов Арт меня спросил:

— Валерий, какой у тебя паспорт?

— У меня паспорта нет, но у меня есть «Зелёная карта». Её выдают иммигрантам, которые живут в Америке на правах граждан, до получения паспорта, — объяснил я, как умел.

— А за границу ты по этой бумаге можешь ездить?

Я не знал, что сказать по этому поводу. Среди иммигрантов бродили разные теории – одни говорили «да», другие «нет». Я только знал, что это запутанное дело. Особенного внимания на эти разговоры я не обращал, поскольку после переезда в Соединённые Штаты у меня никакой нужды или желания куда-то ехать не было.

– Она у тебя с собой? Дай-ка посмотреть.

Я протянул ему карту. Арт повертел её в руках и спросил, нельзя ли взять карту на пару дней. Потом он сделал для всех «Посланцев» объявление: «На следующей неделе мы записываемся на пластиночной компании «Рулет». Студия «Звуковые Идеи» на 46-й улице».

Что? Пара репетиций, пара концертов и уже запись на пластинку? Я был потрясён.

– Нам нужно поиграть этот репертуар в хорошем турне, как следует поработать над материалом. Поиграй мы его каждый вечер с месяц хотя бы, так всё зазвучит по-другому, гарантирую. Тогда уже записывать на пластинку, – сказал Дэвид, когда он, Уолтер и я возвращались в Нью-Йорк в моей новой машине японского производства под названием «Монза 2 плюс 2», – почему каждый раз всё наоборот?

– Да, да, конечно, дай тебе волю, так ты заиграешь весь репертуар до одурения, – вмешался Уолтер, – только не у Артура в оркестре.

Было только начало февраля. Несколько дней спустя, когда я разыгрывался перед началом звукозаписи, Бобби показал мне ещё одну из своих композиций: «Хокмен – Человек Сокол» был так же хорошо написан, как и «Время покажет».

– Я посвятил эту тему Колмену Хокинсу. Это его кличка. Тебе это раньше было известно? – спросил меня Бобби.

– Да, слышал, – ответил я, – ты уверен, что мы будем её записывать? Мы ведь её даже не репетировали.

– Он (Арт) сказал, что нам не хватает тем на пластинку, ну я и принёс новую тему. Вот тут, вот тут, – и Бобби указал на пассаж, – проиграй с этого места.

– Извини, Бобби, сейчас не могу, мне нужно раздуться сначала, зарядить батареи. Сам знаешь. Это вам, на деревянных инструментах, всё просто – поставил трость на мундштук и поехал. Не как нам, медным инструментам, – я вынужден был прокомментировать.

– Валерий, что ты только говоришь? Ты знаешь, сколько тростей мне приходится перепробовать, прежде чем найдётся одна подходящая? Две–три коробки, да и этого иногда недостаточно. «Нам всё просто», – Бобби развернулся и пошёл в сторону Шнидера.

Два парня, рабочие студии, возились с проводами и микрофонами, расставляли перегородки между контрабасом и духовыми. Для ударных у них была отдельная будка с приготовленной в ней установкой. Даже тарелки уже были укреплены. Должно быть, Джим посетил студию раньше всех. Своим обликом и поведением эти два парня очень напоминали рабочих сцены в «Московском Драматическом Театре на Малой Бронной», месте моей первой постоянной работы. Звукоинженер, отделённый от нас огромной стеклянной перегородкой, давал им указания из контрольной будки. Прямо, как режиссёр в театре. Наушники, личные панели уровня громкости, всё было настроено. Сцена была готова, только Артура ещё не было, так что мы прогнали «Человек Сокол» для проверки звука. Наконец объявился протагонист. Одетый в ярко-красную рубашку, он прошёл прямо к будке, говоря всем: «очень ярко, а?» вместо приветствия, устроился поудобнее за барабанами, проверил наушники. Он выглядел счастливым и готовым к празднествам, как будто собирался открыть вечеринку по поводу своего собственного дня рожденья.

– «Цыганские Сказки», – сказал он, что прозвучало как: «Приготовьте бокалы, я открываю шампанское, сейчас пробки загромыхают, как салют, и вино фонтаном ударит в потолок».

«Плёнка крутится» – раздалось в наушниках. С трубой наготове, я поднял глаза на Артура. Он обводил глазами студию, чтобы убедиться, что все и вся готовы к гуляниям, и «раз, два, раз, два, три, четыре», а вслед за счётом «Посланцы Джаза» разорвали тишину. Звуки тарелок, малого и большого барабанов, саксофонов, трубы, контрабаса и пианино слились в одну восторженную смесь. Я слышал взрывы салюта, радостные крики гуляющих, вылетающие пробки, визг женщин, хлопки конфетти. Вечеринка пошла полным ходом. Все играли на отрыв.

После того, как в конце «Цыганских Сказок» затихли последние звуки ведущей тарелки, все поснимали наушники и направились к контрольной будке; только Арт махнул рукой Джиму и указал на педаль от большого барабана.

– Надо сделать ещё одну пробу, – сказал кто-то, после того как вступление, тема, все соло, тема на коду и кода были прослушаны с трепетным вниманием. Ни у кого не было возражений. Так же, как Бобби и Дэвид, я подумал, что уж точно мог бы сыграть своё соло получше. Через стеклянную стену контрольной будки я видел, как Арт и Джим заканчивали установку новой педали к большому барабану.

– Можно ещё раз прослушать тему на коду? – спросил Уолтер.

– О да, конечно, одну секунду, – с готовностью согласился звукорежиссёр. Он перемотал плёнку и щёлкнул кнопкой «воспроизведение». Когда вошел Арт, «Посланцы Джаза» ещё раз исполняли «Цыганские Сказки» на коду. Кто-то сказал, что мы могли бы сыграть соло получше.

– Не виноваты, – таков был вердикт Арта Блэки, – давайте перейдём к следующей теме. Если аранжировка вышла хорошо, то надобности в ещё одной пробе нет. Вам кажется, что во второй или третий раз вы сыграете лучше. Вы думаете, что наделали ошибок в своих соло и хотите их исправить. Может, так и будет, вы исправите старые ошибки, но потом найдёте ещё что-нибудь в новых соло и опять будете недовольны. Хотите знать, что Майлс (Дэвис) сказал на записи, когда звукорежиссёр попросил повторить аранжировку со всеми импровизациями, потому что не хватило плёнки? – «Мы её уже сыграли», – вот что он сказал. И всё. Они не вернулись к этой теме даже тогда, когда запись всего репертуара была закончена. Первая проба всегда самая лучшая.

Бобби начал что-то говорить в своё оправдание и услышал в ответ в качестве ободрения:

– Бобби, играй жопу на отрыв, и всё.

С самого начала Арт относился к нам, участникам оркестра, как к членам своей семьи, как будто мы были его детьми. Сколько раз он за нас заступался, терпел всякие неудобства, только бы защитить наши интересы, жертвовал своим временем! Я знал, что здесь было что-то большее, чем просто поступить в оркестр и уметь исполнять его музыку. Множество лучших в мире музыкантов в различное время работали в оркестре. Одно только это уже имело глубокое значение.

«Ты теперь член семьи» – продолжало звучать у меня в ушах. В этом всё дело. Тут, в первый раз за границей, я понял, что был не один. У меня была семья. И какая семья! Хорас Силвер, Клиффорд Браун, Ли Морган, Фрэди Хабарт и т.д. – все они были моими дядями и братьями. И, уж конечно, Арт был нам всем отцом. Он дал музыкальную жизнь стольким артистам, сначала молодым и неизвестным. Кто, как не отец, способен на это? Он никогда не пускал слов на ветер, и это проявлялось ещё и ещё раз. В первый раз мне пришлось в этом убедиться во время моей первой поездки в Европу с Артом Блэки и «Посланцами Джаза».

В США быть беженцем из какой-либо страны – это довольно шаткое положение. Из-за всяких мелочей можно заработать большие неприятности. Документы, конечно, главная проблема. В некоторых случаях из-за них можно даже потерять семью. Мне пришлось с ними иметь дело сразу же после поступления в оркестр.

– Оформляй бумаги. Иди в своё посольство или куда там надо. Мы едем в Бразилию на следующей неделе и сразу по возвращении в Европу, – вот что мне сказал Арт Блэки, после того как первые репетиции и даже первые концерты были уже надёжно упакованы в «прошедшее время», и вернул мою «Зелёную карту».

– На следующей неделе!? – воскликнула поражённая мисс Баранкович, – месяца три уходит, по меньшей мере, чтобы оформить «разрешение на возвращение», которое беженцу заменяет паспорт, чтобы предъявлять его при проверке документов при въезде в другие страны. В случае смерти близких родственников можно получить такой документ в один день, но это чрезвычайная ситуация, человеку нужна срочная помощь. Никуда нельзя выезжать, если ты собираешься становиться гражданином этой страны. Брось эту идею ехать за границу с каким-то оркестром. Как ты его назвал? Подожди года два-три, получи американское гражданство, а потом уже путешествуй, где хочешь.

Я возненавидел махонькую мисс Баранкович.

– Как вы можете так говорить? Я только что убежал из страны с тоталитарным режимом, где нельзя из квартиры в квартиру просто так переехать, не говоря уже за границу. Мы теперь находимся в свободном мире. Не может быть, чтобы нельзя было путешествовать, если мне нужно, – я с трудом себя сдерживал. Беспомощный гнев, как тёмное облако, окутал все мои ощущения. Нет сомнений, что сотрудница Международного комитета по спасению беженцев законы знала. Арт наймёт кого-нибудь. Бог свидетель, любой трубач отдаст правую руку за то, чтобы играть с «Посланцами Джаза». Господи, что же это? Я за бортом. Ослеплённый паникой, я побежал к Джиму на квартиру. Бобби открыл дверь и в испуге отшатнулся, глаза навыкате.

– Что случилось?

Я молча прошел по коридору в комнату Джима, которая была в своём обычном беспорядке, и сел на диван.

– Валерий, в чём дело? – услышал я гудящий голос Джима у себя над головой. Американская фраза «Мужчина должен поступать, как полагается мужчине», – сигналила у меня в голове, пока мои речевые органы не пришли в движение и я описал со всеми подробностями мой последний визит в КСБ.

– Не переживай, когда получишь гражданство, Арт тебя возьмёт обратно. Это теперь твоя работа, – Джим попытался подать мне надежду на будущее. Бобби потерял дар речи. Он сидел на обеденном столе, свесив свои длинные ноги, свернув пальцы правой руки в полукруг и прикусив их зубами. Я не совсем уверен, ужаснуло ли его происшедшее или он был счастлив, что ему больше никогда не придётся иметь со мной дело. Джим начал что-то говорить, но я не мог слушать, так что он ушел в другую комнату. Я знал только одно, что если к тебе пришла «Госпожа Удача», то ты ей должен послужить на славу, а если ты её упустишь, то она никогда уже не вернётся.

– Валерий, остынь. Валерий, послушай, – и Джим тряхнул меня за плечо, – я только что говорил с Артуром. Иди в офис к Джеку, он тебе даст рекомендательное письмо к кому надо. Отнеси его в своё посольство

Ой! Доброта ты милосердная! Откуда Джиму было знать, что уж куда бы я ни обратился за помощью, только не в Советское Посольство.

– Кто такой Джек?

– Джек Уидемор, наш импресарио, он тебе хорошее письмо напишет. Он на нас работает, а не мы на него, – с гордостью заявил работник сцены оркестра «Посланцы Джаза».

– Мы вас уже ожидаем, – сказала мне, широко улыбаясь, с выражением вежливого участия на лице, секретарша Джека. С годами её имя улетучилось из моей памяти, но в остальном я её очень хорошо помню – невысокая, полноватая женщина, лет под сорок, всегда дружелюбная, с безупречными манерами. – Пожалуйста, подождите здесь, Джек сейчас выйдет. А я пока пойду погуляю с собакой, – сказала она и указала на миниатюрную собачку породы «Чикувава», которая при словах «погуляю с собакой» прибежала из другой комнаты. В данный момент она балансировала перед дверью на трёх лапках, а левую переднюю держала в воздухе. Несоразмерно большие, затуманенные любовью глаза миниатюрной собачки умоляли сейчас же обратить на нее внимание. И тут крохотное создание начало тявкать писклявым голосом: «Это уже слишком. Пожалуйста, пощадите меня. Я всегда всем сердцем вас любила. Мой мочевой пузырь уже переполнен. Его содержание в любой момент может выплеснуться на паркет». Наконец-то мольбы собачки были удовлетворены, и секретарша Джека открыла дверь. Лучший друг человека рванулся из квартиры со скоростью молнии, заполняя лестничную клетку звуками своего истерического визга: «Свобода, свобода». Хозяйка проследовала за своей подопечной, и я остался в комнате один.

Большие фотопортреты Арта Блэки, Элвина Джонса, Хораса Силвера, Каунта Бэйси и Дюка Эллингтона с сияющих чистотой стен наблюдали за происходящим в очень аккуратном кабинете, обставленном дорогой мебелью. На подоконнике стояла хрустальная ваза со свежими апельсинами.

Через несколько минут маленького роста, даже меньше меня, человек вышел из другой комнаты. В руке у него был конверт.

– Джек Уидемор, – представился он, – это ты Валерий?

– Да.

– Рад с тобой познакомиться. Я много хорошего о тебе слышал от Арта Блэки. Вот тебе письмо. Предъяви его, когда будешь обращаться за анкетой для оформления «разрешения на возвращение». Понятно, что тебе нужно вернуться в эту страну после окончания турне. Ты же не поедешь в Советский Союз? Тебя там арестуют?

Я поблагодарил Джека за очень лестное и очень хорошо написанное письмо, но в душе не верил, что оно может хоть чуть-чуть изменить эмиграционный закон Соединённых Штатов. Теперь, с угла 39-й и Парк-авеню, в полном отчаянии, я помчался на Федеральную Площадь № 26, отдел виз и эмиграции. Вид множества людей, одновременно говорящих на всех языках мира, теряющих терпение, изведённых сотрудников отдела (сотрудники у окошек меняются каждые 20 минут), пытающихся ещё и ещё раз объяснить, что правила есть правила и их надо соблюдать, вызвал во мне чувство бессильного отчаяния. Ни многолетние занятия, ни добывание пластинок на чёрном рынке, ни побег из собственной страны, не имели никакого значения на Федеральной Площади № 26. Ну вот, что теперь делать?

Какая-то сила меня вела или, может, присматривала за мной оттуда, сверху, потому что всего через три часа я вышел из здания № 26 с «разрешением на возвращение» в кармане.

Если вы родились и выросли в Советском Союзе, то иметь дело с очередями – это ваша вторая натура. Я мог их квалифицировать с первого взгляда: долгое ожидание, недолгое, среднее, очень долгое, утомляющее, с интересными разговорами, с увеселениями, занудное до невозможности, бесполезное и т.д. Эта очередь относилась к разряду очередей, которые закрываются, после долгого и нестерпимого ожидания, у вас прямо перед носом. Нечего было и сомневаться, что даже если я и подойду к окну в конце рабочего дня, времени на рассмотрение моего дела не останется. Я помню, как в последний раз посмотрел на толпы народа, стоявшие как по команде «почтим вставанием» с похоронной угрюмостью перед каждым окном, и вышел через широкие двери с этажа на лестничную клетку. Слева я увидел дверь с табличкой «начальник отдела».

Я постучал в дверь и невысокая, коричневая, как шоколад, женщина, предстала передо мной. За ней я увидел стол, а на нём два телефона и дальше, в глубине, стеклянные двери, отделяющие человека за рабочим столом от передней части кабинета.

— В чём дело? – она спросила меня тоном, не терпящим бестолковой траты времени.

— У меня чрезвычайная ситуация. Мне нужна срочная помощь, – заявил я ей и вручил письмо от Джека Уидемора. Она пробежала его глазами, и лёгкая улыбка сменила выражение непроницаемой маски опытного канцелярского работника на её лице.

— Подождите здесь, – сказала она и исчезла за дверью вместе с моим письмом. Через пару минут она опять появилась в дверях и пригласила меня зайти в кабинет.

— Я знаю Арта Блэки, я раньше ходил в «Страну Птиц» (знаменитый в шестидесятые годы джаз-клуб) послушать его и его оркестр, – сказал человек за столом, когда я прошел через стеклянные двери его кабинета. – Так это ты теперь у него трубач. Из России, да так играть? Хорош! Где твоя «Зелёная карта»? Я подал ему документ.

— Послушай, приходи через пару часов, может, что-нибудь придумаем. Эвелин, сходи, пожалуйста, наверх, возьми бланк для «разрешения на возвращение», – обратился он к женщине, пригласившей меня в кабинет, и опять повернулся ко мне. – Это вообще-то не наша работа, это всё делается на следующем этаже, – сказал он и замолчал. Я думал, что последуют обычные вопросы: «Как ты убежал и России?» и «Как ты научился так играть в Москве?», но ничто не нарушило тишину. Полное затишье означало: «Если ты хочешь внести вклад в наилучшее и скорейшее разрешение своего вопроса, то очисти помещение и позволь мне и моей секретарше вернуться к работе, от которой ты нас оторвал». Я его поблагодарил и именно так и поступил.

Через пару часов я постучался в ту же дверь, и та же женщина появилась на пороге. В руке у неё была плоская продолговатая книжечка белого цвета, похожая на паспорт.

– Меня зовут мисс Морган, – сказала женщина, – пожалуйста, подпишетесь вот здесь. Между прочим, что мы напишем в графе «национальность»?

Что тут скажешь? Всю свою жизнь я был русским. Советское гражданство я потерял больше чем три года назад, когда покидал Советский Союз. Американское гражданство мне не полагалось ещё года два, три. «Русский», – сказал я, а кем ещё я мог быть? Мисс Морган быстро всё напечатала – моё имя, год рождения и т.д. – и вложила книжечку мне в руки. Я стоял, как во сне, изумлённый произошедшим, не веря, что «невозможное» сбылось.

– Идите, идите, – сказала мисс Морган, – все уже давно ушли, кабинет закрыт. Я понял, что она задержалась из-за меня. Какая добрая женщина! Не странно ли это? Я только что поступил в оркестр Арта Блэки и «Посланцев Джаза» – мир Ли Моргана, Клиффорда Брауна, Фрэди Хабарта, – конечно, Клиффорд Браун оставался моим величайшим вдохновителем и трубным героем, и такая приятная женщина, по имени Морган, так здорово мне помогла. А что если она родственница Ли? Я как будто застрял в облаке и повис вместе с ним над лестничной клеткой. Я схватил её руку и сжал в выражении вечной благодарности.

– Спасибо, мисс Браун, я вам так благодарен, мисс Браун! – повторил я несколько раз и убежал. Что-то во всём этом было, не могло не быть.

«Почему ты её назвал мисс Браун? Осёл ты недоношенный, – сверкнуло, как молния, у меня в голове приблизительно через полчаса, когда я уже был почти дома. – Как так можно? Мисс Морган столько для тебя сдела- ла. Каким уродом ты теперь выглядишь в её глазах?! Ну, отличился!» – моё второе «я» никогда не было мной так недовольно за всю мою жизнь.

А что теперь делать? Поехать туда завтра с извинени- ями? Объяснить мисс Морган, что Клиффорд Браун это моя величайшая музыкальная любовь, что он, так же как и Ли Морган, был звездой оркестра, в который я только что поступил, что моей первой реакцией было обратиться к ней по имени, которое моему сердцу доро- же всех?

«Она подумает, что ты тронутый, – моё второе «я» было беспощадно, – нет, ты только можешь надеяться, что мисс Морган сама как-нибудь в этом разберётся». – На этот раз мой опекун – преподаватель – ангел храни- тель – надсмотрщик – критик – судья – палач проявил признаки насыщения моим унижением.

Джек Уидемор позвонил в европейский офис, узнать, примут ли мою бумагу. Ему сказали: «Никаких про- блем». Это был первый раз, когда в составе «Послан- цев» играл русский.

На следующий день я встретился с организатором га- стролей по Бразилии – Стивом. Это был довольно высо- кого роста, неспортивного вида джентльмен, очень сдержанный.

– Бразильский консулат в Нью-Йорке не принимает твою бумагу для оформления визы. Времени не осталось совсем разбираться, так что нам придётся дать им пас- портные данные другого трубача, но ты поедешь в тур- не вместо него. Я могу это организовать, – заверил меня Стив, не дав мне времени опять впасть в панику. На сле- дующий день мы поехали в Бразильский консулат, где Стив сразу прошел в дверь для сотрудников. Как он всё это организовал, я не знаю, я только помню, что Стив просил меня никому в Бразилии не говорить, что моё имя не Франк Гордон. Мне кажется, Стив устроил что-то вроде общей визы на весь оркестр, плюс на работника сцены и Рани, приятельницу Уолтера Дэвиса. Так или иначе, мне не пришлось воспользоваться моим «разрешением на возвращение» в этой поездке. Оно мне нужно-таки было в Европе, куда мы должны были лететь через шесть часов после возвращения из Бразилии в Нью-Йорк.

— Не возражаешь, если мы тебя отправим раньше, за день до всего оркестра? — спросил меня Стив.

Поехать в Рио-де-Жанейро на один день раньше? Это он всерьёз? Хоть сейчас.

— Конечно, — сказал я.

Время остановилось или, лучше сказать, двигалось так быстро, что не успел я оглянуться, как мы со Стивом были уже в аэропорту, на пути к самолёту. До посадки было еще долго. Перед нами, одетая в красную блузку и чёрную юбку, вышагивала молодая женщина невысокого роста. Я никогда раньше не видел такой походки. Все мускулы её хорошо сложенного тела двигались, как в танце, — легко, элегантно, очаровательно.

— Она бразильянка, — сказал Стив, перехватив мой взгляд.

Я подошел поближе. У неё было беззаботное и хорошенькое лицо. Не то чтобы я не поверил Стиву, я и сам мог узнать русскую девушку в толпе, но мне хотелось получить подтверждение из первых рук.

— Я только что проводила приятеля на самолёт в Рио. Я сама возвращаюсь в Рио завтра. А ты что в аэропорту делаешь? — тут же спросила она меня. Я ответил, и разговор распустился, как дикий цветок. Стив тем временем пошел в бар.

— Ой! Как интересно! Я с удовольствием приду на твой концерт. А где ты будешь жить? — Она неплохо говорила по-английски, с небольшим и симпатичным акцентом. Под конец она почему-то не могла мне дать свой телефон, а я не имел никакого представления о том, в какой гостинице буду жить. Спросить у Стива мне было неудобно. Не хватает ещё, чтобы организатор гастролей Арта Блэки в Бразилии подумал, что я подцепляю девушек в аэропорту. Ни в коем случае. Так мы и расстались с призрачной надеждой встретиться на одном из концертов.

Великое дело, я всё равно был счастлив, ведь я же получил «разрешение на возвращение», которое было надёжно упрятано в карман моего пиджака! Накануне вечером я принёс его в «Виллидж Вэнгарт», где новый состав «Посланцев Джаза» в первый раз встречался с публикой самого старого действующего джаз-клуба в Нью-Йорке всю предыдущую неделю. В перерыве в комнате музыкантов все с интересом рассматривали мой «заменитель паспорта», радуясь за меня. Бобби, Дэвид, Денис, Уолтер и, уж конечно, Арт. Он был очень горд за одного из своих и всем пересказывал:

– Он им сказал: «Вы мне должны выдать эту бумагу. Я только что выбрался из Советского Союза. Я должен иметь право путешествовать. Я теперь в свободной стране», – и они ему выдали эту бумагу.

Стив оказался приятным и дружественным парнем. После обычных: «Как ты убежал из Советского Союза?» и «Как ты так научился играть в Москве?» – он начал рассказывать о Бразилии с её красотой и контрастами. Английским языком он владел не в совершенстве, но достаточно хорошо. От него я узнал, что организовывать турне и концерты не было его профессией. Когда я его спросил, кем он работает, он не знал точно, как это мне объяснить, и ответ получился расплывчатый. Поэтому я решил, что он не знал, как правильно перевести на английский название своей профессии. Ещё я от него узнал, что знаменитый Бразильский фестиваль только что закончился, но многие ещё продолжают гулять по инерции. Нет, на «Мараканью» сходить не удастся.

163

11*

— Футбола ты и так насмотришься, он везде и всюду в Бразилии, наверное, как шахматы в России, — провёл для меня параллель Стив, чтобы я не беспокоился, что не захвачу, хотя бы немного, бразильского гения. Почти на всё турне нас поселили жить в Рио, потому что большинство концертов были в городе или на недалёком расстоянии от него, за исключением Сан-Паулу, пары концертов на выезде и пары концертов в Баире. В общем и целом – три недели в Бразилии с Артом Блэки и «Посланцами Джаза».

Мир, познакомься с Валерием Пономарёвым. Валерий Пономарёв, познакомься с миром

Рио-де-Жанейро, хрустальная мечта Остапа Бендера, отрицательного героя одной из самых любимых в России книг. Вообще-то, это не одна книга, а две или одна книга в двух томах. Как хотите, так и считайте. Первая книга называется «Двенадцать стульев», а другая «Золотой телёнок». Остап и его друзья смешат вас постоянно. Неисправимый оптимист, он охотится в России, или лучше сказать в Советском Союзе, за миллионом, вдохновлённый тем фактом, что – процитируем героя: «Если в стране циркулируют денежные знаки, то есть люди, у которых их очень много, и хотя бы один из этих людей с радостью принесёт мне один или два миллиона на золотой тарелочке с голубой каёмочкой». После доставки тарелочки Остап собирался уехать подальше от Коммунистического Рая – в Рио-де-Жанейро, где он никогда не был и куда ему никогда не суждено было попасть. Остап считает, что все мужчины в Рио-де-Жанейро носят белые штаны и распевают песенку про девочку, у которой есть одна маленькая штучка. Когда его друзья проявляют интерес к загадочному городу, он их обрывает словами: «Не прикасайтесь своими грязными лапами к хрустальной мечте моего детства».

Я не Остап, но я в Рио-де-Жанейро, выглядываю из окна двухместного номера на двадцать втором этаже одной из бесчисленных гостиниц, которые протянулись, как лес, в обоих направлениях до горизонта вдоль пляжа «Копакабана». «Копакабана» переходит в пляж «Ипанема» на горизонте справа, где Антонио Карлос Жубим познакомился когда-то в прошлом столетии со своей легендарной и вечно прекрасной девушкой.

Двустороннее шоссе перед гостиницей бежит в обоих направлениях вдоль леса высотных домов, а за шоссе и сам пляж, выходящий прямо из океана. Его нельзя спутать ни с одним пляжем в мире, потому что он отмечен уникальным бразильским штампом. Ворота, футбольные ворота в песке, потом – сто десять метров вправо и сто десять метров влево – ещё ворота, и ещё, и ещё, размечая футбольные поля до самого горизонта справа и до самого горизонта слева. Ни единого облачка в южных небесах, которые такие же голубые, какими они могут быть и в Северном Полушарии. Солнце палит во всю мощь, не допуская на песок жизнь в любом её проявлении.

«Копакабана» опустошена. Ни одного футболиста не видно часов до четырёх, когда небесное светило решает сжалиться над жизнью внизу и снижает накал своего термостата. Тут они и прибывают, прибывают со всех сторон. К половине пятого пляж уже забит до отказа. На каждом футбольном поле проходит виртуозная игра высочайшего уровня, какой её могут продемонстрировать только в Бразилии. Они играют, именно этим они и заняты, они играют. Почти во всех футбольных матчах, которые мне приходилось видеть до поездки в Бразилию, игроки выглядели так, как будто они выполняли какую-то тяжелую работу, или решали, с угрюмыми лицами, задачи в военной игре, или что-то кому-то доказывали. Американцы, к примеру, на мой взгляд, выглядят так, как будто они думают не о футболе, а о бейсболе, а ведь это совершенно другая игра. Бразильцы играют, играют, как счастливые дети, веселятся, радуются, смеются, празднуют, подбадривают друг друга в своей ли команде или в команде противника. Нечего и удивляться, что такие игроки как Пеле и Гаринча выкристаллизовываются из коллективного гения бразильского футбола к каждому Чемпионату мира. Как может человек проявить свои лучшие качества в любом виде спорта, а особенно в футболе, если он постоянно находится под давлением? Мозги затуманены, мускулы скованы. Мой учитель по трубе очень хорошо иллюстрировал эту мысль. Он напряжет мускулы шеи и с трудом выдавит из себя несколько слов. Обычно чистым, а тут хриплым и еле слышным голосом он скажет: «Когда ты скован, ты даже говорить не можешь, как же ты сможешь играть на трубе?»

Я уверен, что сборная России скоро выиграет Чемпионат мира. Поскольку тяжелая ответственность представлять на мировой арене тоталитарный режим и его правителей как Божий дар человечеству спала с плеч, русские теперь смогут полностью проявить свой собственный этнический гений и склонность к спорту. При условии, конечно, что никаких других препятствий не возникнет. Вот это будет день: «Россия в очень красивом и упорном матче победила в финале Бразилию!» Урааа...Ураааа...Ураааааааа...

На следующий день прибыли все остальные. Когда я спустился на первый этаж, Арт и почти вся компания уже разошлись по своим обителям, только Денис и Дэвид всё ещё возились с чемоданами.

– Эй, Валер, как твой номер? Нас с тобой вместе поселили, – это был Денис.

– Привет, Денис. Номер замечательный, просторный, с видом на океан. Я сейчас буду заниматься, потом схожу купить фруктов, чтобы были в номере, а потом пойду на пляж. Как тебе нравится мой план?

– Нравится, по мне звучит хорошо. Будет интересно с тобой пообщаться, Валера. Всё как-то не удавалось поговорить как следует. Ты обратил внимание, что водосток закручивается справа налево? Чудно как-то, правда? – Потом Денис прошелся по классическим «Как тебе удалось убежать..?» и т.д., в результате он от меня научился, как доставать пластинки на московском чёрном рынке, как получить поддельную выездную визу и т.д., полный набор.

– Ну, брат, у меня почти такая же история.

– Как это? Я думал, что ты американец.

– Да, я американец. Американский Адруид, но я из Атланты, штат Джорджия. Там ничего нету, ни клубов, ни джаз-радиостанций. Я поступил в Университет по кларнету, а потом перешел на контрабас.

– А что это за американский Адруид такой?

– Ну, это, как его, как тебе сказать, ну, это маленькая такая национальность.

«Да, да, – подумал я про себя, – у меня почти такая же история».

Позанимавшись и сходив за фруктами, я упаковал в наплечную сумку плавки и полотенце и приступил к выполнению следующего пункта в своём плане. Войдя в лифт, я чуть не натолкнулся на Арта Блэки, который стоял среди пассажиров, как обычный гость гостиницы. Никто не пытался взять у него автограф или расспросить о турне. Все присутствующие, включая саму суперзвезду джаза, стояли с понурыми лицами. Может быть, они были недовольны тем, что я прервал их плавный спуск к первому этажу.

– Привет, мистер Блэки, это я, Валерий.

– Привет, Валерий.

– Как вы долетели?

– Хорошо, спасибо. А ты на пляж собрался?

Океан был не сказать чтобы спокойный, иногда больших размеров волна разбивалась о песок и потом отступала обратно в океан, утаскивая за собой всё, что она могла найти на берегу. Вглядываясь в бесконечность водного пространства, расстилающегося передо мной, я не мог не подумать о том, как далеко я от России. До совсем недавнего времени я мог только мечтать, как Остап Бендер, об Италии, Австрии, Америке. В данный момент я находился в Южной Америке! Через три недели я буду в турне по Западной Европе, с Парижем, Мадридом, Лиссабоном, Берлином, Лондоном в расписании.

«Что же ты забыл вчера найти в ночных небесах Южный Крест? Ты же в Южном Полушарии! Черт побери! – моё второе «я» было поражено и немного разочаровано. – Да ладно, – успокоил я его, – ещё много времени, может, сегодня найдём, когда стемнеет». Я бросил наплечную сумку на песок и побежал к воде, за хребет волны. Ух, ты! Оказалось, что берег за линией воды круто обрывался. В Италии или на пляжах «Длинного Острова» в штате Нью-Йорк, где я купался последний раз, было не так.

Задолго до этого, ещё в России, я как-то попал в подводное течение, которое уносило меня всё дальше и дальше от заброшенного пляжа на Чёрном море. Если бы не береговая охрана, которая случайно меня заметила, пришлось бы задержаться в Черном море очень надолго. На этот раз я был прямо у берега, но каждый раз, когда я приближался к границе между водой и землёй и вытягивал ногу, чтобы найти спасение в опоре на твёрдой почве, волна, предварительно шарахнувшись о песок, затаскивала меня обратно в океан. Наконец я увидел большую волну и решил, что лучше забраться на её гребень и вместе с ней шарахнуться о берег за линией воды, чем продолжать попытки, до полного изнеможения, самому проплыть через встречный поток. Ух! Ну, она меня довольно сильно грохнула об песок. Такое впечатление, что не одна, а три волны скручивали и выжимали меня, как тряпку, пытаясь сломать в пояснице. Во всяком случае, я был в безопасности по ту сторону границы между водой и сушей. Шагнув от наступавшего прилива, я подобрал свои вещи и пошел к гостинице. На этот день купаний было достаточно.

– Ты уже вернулся с пляжа? – спросил Арт, когда я вошел в вестибюль, где он сидел в кресле, окружённый агентами, друзьями, корреспондентами газет, представителями Бразильского радио и телевидения.

– Берег очень крутой, трудно из воды выходить. К тому же я не могу на солнце долго сидеть в первый день, – ответил я, – можно получить ожог кожи. Да и вообще, я слышал, что если слишком долго сидеть на солнце до того, как установится загар, солнечные лучи приносят большой вред. Из-за них потом не только кожа сходит, но и губы вспухают и всякие болячки на амбушюре появляются. Я загораю постепенно.

– Это правда, я тоже об этом слышала, – вмешалась Рани, – осторожно, Валера.

Я умел загорать. И без того, будучи предрасположенным к загару, через несколько дней я уже был почти такой же коричневый, как Арт или Бобби.

– Ну, ты даёшь! Быстро же ты загораешь! Вернёшься в Америку, тебя в твой район не пустят, – пошутил Шнидер, когда мы с ним шли к Оперному театру города Рио-де-Жанейро, где открывались наши гастроли по Бразилии.

– Ты знаешь, я, как в отпуске, – живу на океане, занимаюсь на трубе, торчу на пляже, хожу по ресторанам, брожу по городу. Красота! А что, у вас всегда так?

– О, нет! Далеко не так. Когда мы зарядим гастроли по Европе, с каждодневными переездами, вот тогда ты увидишь, как может одно турне отличаться от другого. Здесь, это просто рай на земле, – Шнидер обвёл рукой, показывая на дома и улицы вокруг нас, и мы повернули налево. Оперный театр, очень похожий на Большой театр, и огромная площадь перед ним открылись нашему взору. Везде было столько народу, что театр выглядел, как крепость под осадой.

– Все эти люди пришли тебя послушать, – сказал Дэвид с хитрецой в голосе.

– Да будет тебе дурака-то валять, они пришли послушать Артура, а не меня.

– Конечно, они пришли послушать Арта Блэки, но ведь ты тоже будешь играть, – Шнидер не унимался.

Мне кажется, пробыв в оркестре три года, он привык к мысли, что тоже вносит какой-то вклад в представление, но я сам, только что поступив в оркестр, не мог так смотреть на вещи.

– Нет, нет. Они пришли слушать Арта Блэки, – настаивал я на своём, пока мы пробирались сквозь толпу. На подступах к театру люди, в поисках билетов, уже стояли сплошной стеной. Так что пришлось обходить здание и проникать внутрь со служебного входа. Прежде чем пройти в артистические уборные, я завернул в туалет. Как только я закрыл за собой дверь маленького закутка и остался один на один с унитазом, послышался тревожный стук в окно с улицы. Потом прозвучала какая-то фраза на португальском. Голос звучал одновременно в повелительном и умоляющем тоне. Я увидел какие-то тени за окном и обругал их по-английски.

– Отклыл окну. Пускаемте меня внутрь, – тот же умоляюще-повелительный голос переключился на ломанный английский. Теперь я смог разглядеть формы немного лучше – это был парень, пытавшийся пролезть в театр через окно в туалете. Ставни-то я мог открыть, но кто, по его мнению, должен был свернуть железную решётку, защищающую окно? Я её потряс изо всех сил, чтобы убедить парня в том, что администрация театра явно ожидала такого наплыва народа и предприняла соответствующие меры. Не тратя попусту времени, бразильский любитель джаза убежал в поисках, нет сомнений, альтернативного способа проникновения в здание. Понять его было нетрудно. Я бы и сам на что угодно пошёл, если бы, скажем, Арт Блэки и «Посланцы Джаза» выступали в Большом театре, а у меня не было бы билетов.

Раздувшись перед концертом, я сидел в артистической, погруженный в размышления над аккордами к «Урану», когда две молоденькие красавицы, какими девушки могут быть только в Бразилии, появились в дверях. Арт поднялся со своего места, пригласил их войти и подвел к месту, где я сидел.

– Это мой сын Валерий, – с шуточной серьёзностью он представил меня, как гордый отец представил бы своего повзрослевшего сына знакомому по работе. С криком «Дааааа.......» и вскинутыми в воздух руками я вскочил с большого и удобного кресла. Вместо того чтобы обнимать девушек, мы с Артуром обнялись так, как только отец и сын могут обняться, как будто мы только что выиграли Чемпионат мира по футболу или ещё что-нибудь в этом роде. Какой это был день! В том концерте, как и во всех последующих бразильских концертах, Арт Блэки с полной серьёзностью объявил: «На трубе играет Франк Гордон». Во время сольного номера для трубы с оркестром я исполнил «Голубая луна» – певучий, замечательный стандарт – и получил за него гром аплодисментов. Одна из красавиц оказалась женой гитариста знаменитого Бразильского поп-оркестра под названием «Новос Байанос». Поскольку у них не было публичных концертов в тот период, она пригласила нас к себе домой послушать её мужа и весь оркестр. А вторая девушка – с того вечера до конца турне – стала звать меня «Мистер Мелоди».

После концерта Арт объявил: «Назавтра мы приглашены к Стиву. Возьмите с собой инструменты». Объявление прозвучало как приглашение на добровольно-обязательный субботник. Ну и что? Моё расписание назавтра было выработано. Провести целый день с «Посланцами»! Не так-то плохо.

На следующий день Уолтер, Рани, Бобби и я сидели за столиком уличного ресторана неподалеку от гостиницы в ожидании выезда к организатору гастролей.

– Боб... – начал было я.

– Не зови меня Боб, меня зовут Бобби, – мой брат по «Посланцам Джаза» прервал обиженным тоном.

– Извини, Бобби, я не нарочно, я не знал, что тебя обижает сокращённая форма... – начал было я оправдываться, когда двое маленьких детей лет по шести-семи подошли к нашему столу и вмешались в разговор тонкими и приглушёнными голосочками. Я не понял ни одного слова из того, что они сказали.

– Валерий, ты знаешь, что они говорят? – спросила меня Рани.

– Нет, – ответил я, – не имею ни малейшего представления.

– А как ты думаешь, чем занята вон та девочка? – и Рани указала на хорошенькую девочку-подростка, которая медленно прохаживалась взад-вперёд перед входом в гостиницу.

– Ну, я уж не знаю, ей на вид не больше пятнадцати.

– Все же это намного больше, чем этим детям.

– Чтооо...?!

– Именно то. Они предлагают секс за деньги.

– Нет! Не может быть, – я был потрясён – я нигде, даже в Советском Союзе, ничего подобного никогда не видел.

– Валерий, в этой стране очень много бедных. Скорее всего, родители этих детей не могут их содержать, или они просто бездомные.

– Мы все запустили руки в карманы и, у кого сколько было мелочи, отдали детям. Они тихо сказали: «Обригато», – и перешли к следующему столу.

Тихий ужас!

Две большие машины подкатили к подъезду нашего отеля.

– Должно быть, за нами приехали, – сказал Уолтер. Мы заплатили за напитки и покинули кафе. Остальные «Посланцы» высыпали из вестибюля, и мы все столпились около машин. Теперь мне представилась возможность рассмотреть девочку-подростка поближе. Она была очень привлекательна со своей тонкой талией и хрупкой фигуркой. При ближайшем рассмотрении я бы ей и пятнадцати не дал. Как будто зная, что я на неё смотрю, девушка обернулась, перехватывая мой любопытный взгляд, и улыбнулась. Какая это была обворожительная улыбка на её хорошеньком личике! Мать «Белого Клыка», наверное, такой же улыбкой заманивала на верную смерть будущих отцов своего сына...

— Валерий, Валерий, садись в машину, — послышался оклик Рани. Тут я забрался на заднее сиденье, рядом с ней и Уолтером, Арт Блэки сидел на переднем сидении, рядом с водителем.

— Мы живём в горах, подальше от города. Но ехать совсем недалеко, — сказал Стив, когда мотор заработал и машина тронулась с места.

Вскоре мы уже катили по извилистой дороге вверх и вниз по холмам. Растительность вокруг нас была такая густая, что она практически переросла в туннель вокруг дороги, намного понижая внутри освещение и температуру. Потом на несколько минут мы выскочили на пыльную дорогу.

— Это наши фабрики, — Стив указал на два грязноватых здания, стоявших вдоль дороги слева. Машина проехала мимо фабрик и опять окунулась в заросли.

Когда мы приехали, среди встречающих была молодая дама, американка. Похоже, что почти все из наших её знали по Штатам. Последовала радостная сцена с лобызаниями и объятиями. Они были счастливы, как дети, встрече так далеко от Нью-Йорка.

— Ты «Голову Сахара» уже видел? — спросила меня дама, когда нас представили друг другу.

— О да, конечно, статуя Христа с распростёртыми руками, наверху. Издали статуя выглядит, как крест на вершине горы. Она, должно быть, невероятных размеров. А?

— Безусловно, её размеры... Ты знаешь, ещё одна, точно такая же, есть в Португалии, тоже на горе, парит над Лиссабоном?

— Да, слышал. Лиссабон входит в наше европейское турне, может, тогда и увижу.

– Я понимаю, что позже вы будете репетировать. Вон там, слева от главного здания, – дама указала на трёхэтажный дом, – вот там, на втором этаже, находится кабинет Стива. Вы все можете там сложить свои инструменты. Чувствуй себя как дома, осмотрись. Сейчас будут подавать напитки и закуски.

Прислуга, одетая в белые, сшитые из лёгкой материи, смокинги, рубашки и бабочки, уже строила стенды из столов, поставленных в длину один к другому, и накрывала их скатертями.

Я отнёс трубу в кабинет Стива и пошел прогуляться по территории. Сначала я пересёк футбольное поле, потом ручей, по которому плыла компания уток, потом я набрёл на маленький зоопарк с множеством симпатичных зверюшек. Прямо, как у Чуковского, «Детки в клетке». За зоопарком я увидел блестящее, как зеркало, озеро, но решил не заходить так далеко и повернул обратно, в направлении главного здания. Всё вокруг было чисто и гармонично: свежескошенная трава, аккуратно отмеченные дорожки и тропинки, нигде ни одного окурка или банки из-под пива.

– Что бы вы хотели выпить, сэр? – спросил меня слуга в униформе, когда я подошел к столу с множеством напитков, фужеров, бокалов, стаканов и аппетитных закусок. Мне захотелось шампанского, но я попросил минеральной воды, потому что скоро должен был идти на репетицию. Я уже давно себе усвоил не пить ничего спиртного до или во время игры на трубе, так как мой амбушюр значительно распухает даже от небольшой дозы зелёного змия.

«Приму чего-нибудь за обедом», – сказал я своему полицейскому – репетитору – ангелу-хранителю и т.д., чтобы он не волновался. Уши моего второго «я» всегда поднимались кверху при слове «алкоголь».

Стив оказался щедрым и радушным хозяином. Местом для репетиции послужила его музыкальная комната, в которой стоял концертный рояль фирмы «Стэнвей», а после репетиции, когда пришло время, мы перешли в столовую, где подавали изысканный обед. Обслуживала та же команда слуг, на этот раз одетая в чёрные смокинги. Я-то точно и, мне кажется, Бобби тоже хватили немного лишнего. Уж очень высокого качества было шампанское. Кому какое дело? В конце концов, мы были в семейном кругу среди близких друзей.

На следующий день мы опять отъезжали. В полном составе «Посланцы Джаза» отправились в гости к «Новос Байанос». Для коллективного мероприятия – лучше не придумаешь.

Консуэла, хозяйка дома, держала на руках новорожденную девочку. Вот это сюрприз! Мы все восхищались небесной красотой ребёнка. Мать была, пожалуй, слишком молода для материнства. Трудно было её себе представить матерью, даже с ребёнком на руках. Я пришёл к заключению, что в Бразилии, как и во многих других странах с тёплым климатом, Бог (или аист) считает обычным делом приносить детей очень молодым родителям. Мы узнали, что «Новос Байанос» недавно купили этот дом, который был только что построен и служил штаб-квартирой оркестра. Будучи большую часть времени на гастролях, да к тому же с новорожденным ребёнком на руках, они ещё не успели обставить дом. Почти весь он был пустой, с голыми полами и стенами. Если бы не пара матрацев и стульев в некоторых комнатах, дом бы пребывал точно в том же виде, в котором его оставили строители.

После осмотра первого этажа мы поднялись по лестнице и столпились в одной комнате, где три парня, похожие на молодых йогов, сидели на ободранном матраце. У каждого в руках был инструмент, две гитары и мандолина. Когда мы вошли, они уже играли и извиняюще улыбнулись нам, как будто хотели сказать: «Добро пожаловать, располагайтесь, будьте как дома, но, извините, не можем пожать вам руки, потому что это означало бы прервать музыку, а этого мы сделать не можем». Поджав под себя ноги, они сидели, буквально сросшись со своими инструментами, как будто находились в этом состоянии с самого начала фестиваля, а то и до его начала, и сидели они так бесконечно, растягивая ежегодные праздники, насколько позволяла инерция. Никаких нот перед ними не было. Даже не переглядываясь, они играли и пели без перерывов, меняя песни и тональности, темпы, переключаясь с босановы на самбу, не то что не обсуждая репертуара, а даже не подмигнув друг другу.

– Вот, на, – кто-то щедро протянул мне окурок самокрутки.

– Мне и так хорошо, спасибо, – я как-то попробовал и оказалось, что мой организм совершенно не предрасположен к такого рода стимуляторам. В этом случае моему второму «я» не нужно было обо мне беспокоиться совсем.

Уже было за полночь, но никто не выказывал никаких признаков желания сменить обстановку.

– Когда мы возвращаемся в гостиницу? – спросил я Уолтера, вспомнив русскую шутку: «Дорогие гости, не надоели ли вам хозяева?»

– Мы никуда не уезжаем. Мы здесь остаёмся. Если ты устал, просто иди в любую комнату и спи. Не беспокойся, ты этим никого не обидишь.

Я так в точности и поступил. В углу соседней комнаты стоял топчан, я на нём устроился поудобнее и заснул. Проснулся часа через два и вернулся в комнату, где все находились. Три музыканта всё ещё играли и сидели в тех же позах, в которых мы их застали по прибытии. Комната была еле освещена, и я не мог сказать с уверенностью, спали ли гости, сидя на своих местах, или, зачарованные музыкой, слушали. В конце концов мы вернулись-таки в гостиницу, но который был час и кто нас отвёз, не помню.

На следующий день кто-то принёс газету с рецензией на наш концерт и фотографией оркестра. Рецензия была очень благожелательной. В особенности хвалили Франка Гордона за прекрасное исполнение «Голубой луны».

Курьёзный случай произошёл на выезде. Оркестр остановился в маленькой гостинице, где-то посередине страны. Перед концертом мы с Бобби отшлифовывали в моей комнате пару тем. Когда пришло время готовиться к выходу, Бобби пошёл к себе принимать душ и приодеться, и я тоже пошёл в ванную. Я думал, что в гостинице, кроме «Посланцев», никого не было, так что я не побеспокоился закрыть дверь своего номера. Выйдя из ванной, я только успел надеть трусы, как вбежал Бобби, тоже в трусах.

— Я саксофон взял с собой, правда?

— Я не обратил внимания, когда ты выходил, — я осмотрелся вокруг, но нигде футляра от саксофона не увидел.

— Может, ты положил его под мою кровать? — и мы бросились на колени посмотреть под матрацем, где я обычно держал свою трубу. Но там ничего не было, ни саксофона, ни трубы.

— Чтоооо..!? — До смерти перепугавшись, мы побежали в номер к Артуру. Арт и Джим сидели около ночного столика с лампой.

— Арт, украли наши инструменты, труба и саксофон пропали, — выпалили мы абсолютным унисоном и застыли в ужасе от собственных слов.

Арт с минуту наблюдал за нами, а потом разразился смехом:

— Джим, отдай им инструменты.

«Боже всемогущий! Никто со мной не разыгрывал таких шуток со времён моего детства. Этого только не хватало!» — единственное, о чём я мог думать, пока мои душа и тело быстро оттаивали. Я и сам начал смеяться от счастья, что держу в руках свой «Бах Страдивариус», раструб №72. Господи!

— Вы должны привыкнуть закрывать двери в номерах гостиниц. Вы на гастролях. Ты никогда не знаешь, кто живёт рядом с твоим номером. Я хотел вам преподать урок, – пробубнил Джим своим обычным тоном, – если бы действительно своровали ваши инструменты, то это была бы большая проблема не только для вас, но и для всего оркестра, – добавил слегка извиняющимся тоном профессор кафедры безопасности.

«Я не мог удержаться от смеха, когда увидел Валерия и Бобби в трусах окаменевшими посередине моей комнаты», – Арт рассказывал и пересказывал эту историю много раз в будущем.

Я-то усвоил урок Джима очень хорошо, это точно. С того дня я проявлял особенную осторожность и внимание к двери и всегда её тщательно запирал на все замки, если Джим был или даже просто мог находиться где-нибудь поблизости.

По возвращении в Рио всем выплатили зарплату, тут я и позвонил моей теперь давно уже экс-жене сообщить, что мы стали миллионерами.

– Правда? – услышал я в трубке.

– В крузейро мы миллионеры, это равняется 2100 долларам. Я прилетаю такого-то числа и этим же вечером лечу с оркестром в Европу. Приготовь мой второй багаж, – я издал приказ своей, тогда ещё будущей, экс и пошёл покупать почтовые открытки. У подножия лестницы, ведущей в гостиницу, я увидел всё ту же девушку. На этот раз она была занята беседой с невысоким, седовласым джентльменом. Как и в первый раз, она почувствовала, что на неё смотрят сзади, и оглянулась, перехватывая мой пристальный взгляд. Свойский вид её создавал такое впечатление, будто она установила какую-то связь между нами. Её глаза излучали: «Я тебя узнала, я бы рада с тобой поговорить, но ты видишь, я сейчас занята». Любопытно, что бы «Мистер Мелоди»-девушка на это сказала.

Она и «Новос Байанос» приходили на все наши концерты, если они проходили в городе или поблизости. На следующий день после окончания гастролей они всей гурьбой поехали нас провожать в аэропорт. Стив тоже

12*

приехал. Мама Консуэла принесла каждому из нас прекрасные гирлянды из цветов. Вот так вот мы и сидели на лавочке маленького аэропорта в ожидании самолёта, который доставлял нас обратно в Северную Америку. Очень скоро она не будет больше где-то там, на Севере, а наоборот, Южная Америка, южные небеса, Бразилия, Рио-де-Жанейро, «Голова Сахара», Христос, парящий над всем городом, наша гостиница с девушкой перед входом, пляжи «Копакабана» и «Ипанема», футбольные поля, Оперный театр будут где-то там, на юге. Уолтер сидел рядом со мной, уставившись в пространство перед собой. Рани своими изящными руками обняла его за могучие плечи. По его щекам катились слёзы. Уолтер, какой это золотой был мужик! Я всегда знал, что он очень чувствительный человек. Только очень чувствительный человек может играть и сочинять так, как Уолтер.

Ну, вот и пришли последние прощания, объятия и поцелуи, «Посланцы» плюс Джим и Рани одной группой прошли сдачу багажа, паспортный контроль. Наши бразильские друзья с другой стороны стеклянной перегородки всё ещё махали руками и выкрикивали наши имена: «До свиданья, Арт, до свиданья, Уолтер... Бобби... Джим... Рани... до свиданья, «Мистер Мелоди»...». Не сомневаюсь, что все, не только я, хотели знать, когда мы опять приедем в Бразилию? Как только двери самолёта закрылись, турне по Бразилии окунулось в прошлое. Хоть наши друзья всё ещё были только в ста, ну в двухстах метрах от нас и, наверное, разбирались, кто кого повезёт обратно в город, но они уже были заперты в другом измерении. В измерении воспоминаний.

Обычный, регулярный рейс проходил очень плавно. Через час или через два после взлёта я стоял и разговаривал с кем-то через два ряда, когда самолёт бросило вниз. Воцарилась мёртвая тишина. Я был единственным, кто ещё стоял на ногах и разговаривал. Тут самолёт нырнул ещё раз, на этот раз гораздо глубже, и коллективный вопль пассажиров потряс стены фюзеляжа. Всё моё тело сковало в вертикальном положении, руки ухватились за сиденье передо мной, а ноги вросли в пол в отчаянной попытке сохранить равновесие. И тут я упал в своё кресло.

– Говорит командир корабля. Нет никаких оснований для беспокойства. Пожалуйста, пристегните ремни, у нас возникли небольшие трудности, – было объявлено по пассажирскому салону, и всё успокоилось. Остаток полёта пассажиры провели в разговорах о воздушных подушках, дырах в космосе и о том, как я стоял и разговаривал, как им показалось, безразличный к происходящему, как будто ничего и не происходило.

«Нью-Йорк, Нью-Йорк» – звенело у меня в голове. Через шесть часов, с новой сменой багажа и «разрешением на возвращение» в кармане, я опять был в аэропорте «Кеннеди» в поисках своего рейса на Амстердам.

Мне всё ещё не верилось, что всё это было наяву. Арт Блэки и «Посланцы Джаза», самый выдающийся, знаменитый и любимый во всём мире оркестр, и я, Валерий Пономарёв, беженец из Советского Союза, в этом оркестре трубач! Джим Грин меня разбудил:

– Мы в Амстердаме. В течение последнего часа ты улыбался во сне. Жаль, ни у кого не оказалось камеры под рукой, чтобы тебя сфотографировать.

Привыкнуть к новой реальности было не просто. Всё вокруг было такое сияющее и необычное. Даже после того, как голландский офицер вернул мне «разрешение на возвращение», предварительно поставив в нём посередине страницы печать, у меня было такое ощущение, что я всё ещё не совсем проснулся. Почему-то слова Джима Грина: «В Голландии всё проще», – продолжали позванивать у меня в голове. Как-никак, это был длинный день; не один только я устал. Многочисленные друзья Арта Блэки пришли в аэропорт встретить его и оркестр, познакомиться с новыми «Посланцами». Каждому не терпелось посмотреть на меня – русский в «Посланцах»! Вы можете себе представить?! Вскоре мы со всеми распрощались. Арт, вопреки своему обычаю, не задержался в Голландии. Нам ещё надо было доехать до гостиницы, которая находилась довольно далеко, в Германии, а мы и так уже достаточно устали. У нас было две машины с кузовом. Первую загрузили багажом, её повёл шофёр-голландец, а во вторую сели мы, музыканты. Было тесновато, но тепло и уютно на заднем сидении, рядом с великим Уолтером Дэвисом. Машина продолжала плавно катиться, и зудящее предчувствие беды ушло на задний план моего сознания. Вдруг машина затормозила и остановилась. Водитель открыл окно, и авторитетный голос с сильным немецким акцентом требовательно сказал: «Пожалуйста, ваши паспорта». Вид немецкого пограничного офицера в военной форме произвёл на меня неприятное впечатление. Что-то было неладно. Я себя чувствовал, как партизан из Советских фильмов (которых в своё время я много насмотрелся), пойманный нацистами.

Все подали офицеру свои паспорта, я подал свой документ. Офицер исчез на несколько минут за дверью пограничной станции. В машине было жарко и неудобно, голова моя уткнулась в темноте в спинку переднего сиденья. Я выпрямился, когда услышал шаги. Это был тот же офицер. В одной руке он держал стопку тёмных паспортов, а в другой продолговатую книжечку белого цвета под названием «разрешение на возвращение».

Я начал выбираться из машины ещё до того, как он закончил попытку произнести мою фамилию: «Ва-ле-рий По-но-ма-ре-в, выходи». Кино всё ещё продолжалось. Под конвоем из двух немецких солдат я прошёл в пограничную станцию. На мне не было никаких карт расположения немецких войск, никакого оружия, ничего подозрительного.

– Сюда, – скомандовал один из солдат, и они слегка вытолкнули меня из комнаты в маленький закуток за загородкой. Комната быстро заполнилась солдатами и офицерами во вражеской форме. Старший из них, с застывшей маской вместо лица, спросил:

– Это ты Валерий Пономарев?

– Да, – сказал я.

– Русский паспорт не так выглядит, – рявкнул на меня офицер, – ты хочешь пройти за американца, примешался к этим парням. Ты, должно быть, шпион. – Его правая рука поднялась, как бы указывая на меня, и дуло револьвера уставилось мне в лицо.

Я слишком хорошо знал, что происходило: сон закончился. Ни Арта Блэки, ни Америки, ни джаза, ничего. Я вернулся в реальность. Сейчас меня бросят в концентрационный лагерь, будут пытать, пошлют на работу, заставят вкалывать.

Много раз, ещё в Москве, я просыпался среди ночи, сообразив, что мне опять снился Нью-Йорк, джаз, Запад, и я всё ещё в своей комнате, и, если протянуть руку, можно нажать кнопку моего Мага 8. Ну и пробуждение на этот раз – немецкие солдаты повсюду, я попал в плен, и дулом револьвера мне тычут в лицо. Я стоял, окоченевший, в ступоре, по опыту зная точно только одно: если я проснулся, то проснулся, и сон уже не вернёшь.

– Убери эту дурацкую штуку, – услышал я вдруг хриплый голос, так хорошо знакомый по многочисленным пластинкам, а за последнее время ещё более знакомый, – убери эту дурацкую штуку, я тебе говорю. Это мой трубач Валерий Пономарёв.

По сей день я не могу понять, как Арт ухитрился пробраться в закуток, куда меня запихали за загородку, и встать со мной плечом к плечу под дуло револьвера. Но, вопреки здравому смыслу, это был именно он – лучший в мире ударник и руководитель оркестра, суперзвезда современного джаза – Арт Блэки.

– Позвоните по этому телефону. Вам подтвердят его личность. Никакой он не шпион.

Трудно было найти кого бы то ни было в Американском Посольстве. В 2 часа ночи, с субботы на воскресенье, всё было закрыто и все уже давно ушли. Наконец, после многих-многих звонков, кого-то разбудили и кого-то попросили пойти к компьютеру и опознать меня. Я получил визу на два дня и совет обратиться в немецкий консулат в Копенгагене, где мы должны были выступать во вторник и среду, чтобы разобраться со всеми делами и иметь возможность впоследствии вернуться в Германию.

Во вторник в приёмной Генерального Консула Герберта фон Дер Банка с самого утра уже собралась внушительная очередь просителей. Не успел я усесться на стуле в предвкушении долгого и нудного ожидания, как очень хорошенькая секретарша вышла из кабинета и объявила мою фамилию первой: «Господин Пономарёв, будьте добры, будьте любезны, пожалуйста, пройдите в кабинет. Мистер фон Дер Банк сожалеет, что вам пришлось ждать». Если бы она не смотрела с обворожительной улыбкой прямо на меня, я бы решил, что она обращается к кому-то другому.

Мистер Герберт фон Дер Банк поднялся, когда я вошел, и протянул мне руку.

– Арт Блэки! Я обожаю его музыку, – сказал он, – я коллекционирую его пластинки уже много лет. Очень приятно познакомиться с его новым трубачом. Это высокая честь. Пожалуйста, примите мои извинения за происшествие на границе. Советские танки находятся прямо у нашей восточной границы, и это создаёт во всех излишнюю нервозность.

– О, конечно, я прекрасно понимаю, – я его сразу же заверил.

– Я в этом нисколько не сомневался, – сказал мистер фон Дер Банк и протянул мне мою белую книжечку с визой на неограниченный въезд и выезд в течение полугода, – если этого недостаточно, я могу продлить визу. Вам всё равно придётся сменить документ. В графе «национальность» в такого рода бумаге должно быть написано «безнациональный», поскольку вы больше не Советский гражданин, а только легальный резидент Соединённых Штатов.

У меня было много неприятностей из-за графы «национальность» в течение последующих трёх лет: высылка из Норвегии, полёт в Восточный Берлин в сопровождении агента, многочисленные задержки в Швейцарии и Франции, пропуски самолётов и концертов. Много раз я просто придерживал своё «разрешение на возвращение», даже если все визы были в порядке. Каждый раз, когда я замечал, что офицер пограничного контроля был невнимателен, не заглядывал в машину, чтобы пересчитать пассажиров, я просто сидел себе на заднем сидении, как ни в чём не бывало, даже и не думая подавать свой документ. Пару раз у меня просто не было времени оформить визу в некоторые страны (не помню в какие) и всё-таки всё обходилось. Что и говорить, я играл с огнём! Всё это продолжалось до 9 октября 79 года, когда я стал американским гражданином. Арт Блэки всегда стоял на моей стороне и никогда не давал своего трубача в обиду.

На службе у Его Величества

Я раньше очень любил почтовые открытки. До сих пор я посылаю их большое количество, но не так много, как в пору моих первых гастролей. Тогда я их отправлял своим друзьям и родственникам сотнями. Только моей родной матери и крёстной, её лучшей подруге, я послал из первого турне, наверное, штук 50 из одного только Парижа. Моя крёстная мать родилась и выросла в Париже. Молодой и наивной балериной она переехала в Москву продолжать изучение балета в танцевальной Школе при Большом театре. Здесь она встретила любовь своей жизни – Иннокентия Васильевича, которого я в детстве звал «дядя Кеша», а она сама звала только «Кеша». Он был высокого роста, строгий на вид, с усами и бородкой. Моя крёстная мать беззаботно прожила в Советском Союзе до того времени, когда поняла, что свободный выезд из страны, в отличие от въезда, был закрыт. Я никогда не слышал, чтобы она или кто-либо другой говорил в её присутствии о Париже. На это должны были быть причины. Одна из них, конечно, это та, что упоминать в Советском Союзе чьё-то западноевропейское происхождение было крайне нежелательно. Я знал, что она не могла не думать о своём родном городе, названном Хемингуэем «Праздник, который всегда с тобой». Только в случае с моей крёстной легендарный город её юности больше никогда уже с ней не был и существовал недосягаемым где-то в самых отдалённых закоулках её памяти. Для моей матери, наоборот, было привычным делом вслух фантазировать о Лондоне, Мадриде, Париже, конечно, Афинах, Берлине, Дели, Рио-де-Жанейро. Назовите любой центральный город в любой точке земного шара – она о нём много знала из книг, но ни разу в своей жизни не имела возможности посетить. Моя мать и её лучшая подруга, в молодости красивые женщины, на вечеринках в компании друзей распевали мечтательную песню о «Бананово-лимонном Сингапуре и магнолии в цвету».

Мою крёстную мать зовут Галина Анатольевна, но моя мать зовёт её не иначе как Галя. Я ясно себе представляю, как мать звонит своей лучшей подруге:

– Галя, Галя, я получила целую лавину почтовых открыток, на этот раз из Парижа. Все они подписаны Валерием.

– И я тоже, и я тоже. Все они подписаны «Твой крёстный сын» или «Валерий».

В Париже мы выступали три дня в джаз-клубе на Монмартре – в богемном районе Парижа под названием «Латинский квартал», куда любят ходить туристы. По заведённому обычаю двери клуба осаждались массой народа каждый день. Любители джаза встретили меня довольно грубо, когда я уверенной походкой подошел к дверям: раздались злобные выкрики и в какой-то момент даже стало попахивать рукоприкладством, пока в воздухе не загудело: «Это же новый трубач Арта Блэки». Тут сначала с некоторым недоверием, а потом с почтением и завистью пораженная толпа раздалась, освобождая подступ к входу. «Возьми меня с собой», – услышал я чей-то выкрик правее и сзади себя. Голос был похож на один из тех голосов, которые пытались меня отогнать только минуту назад.

Концерт должен был проходить в подвале здания,

приспособленного под джаз-клуб. Едва освещённые ниши, полы, вымощенные булыжником, и каменные своды клуба создавали впечатление подземелья под королевскими палатами, где преступные заговорщики обсуждали план дворцового переворота, а совсем не клуба, куда современные туристы соберутся послушать джаз.

— Ты знаешь, почему полы мокрые? — спросил меня Уолтер.

— Я думаю, потому что их только что помыли.

— Нет, дело не в этом. Хозяину клуба вода нужна, чтобы люди не садились на пол. Стоя, они занимают гораздо меньше места.

— Вот в чём дело. Таким образом хозяин продаст больше билетов. — Я разгадал уловку капиталиста-организатора концертов.

— Именно.

Мне едва хватило времени раздуться, как публика начала валом валить в клуб. Как и следовало ожидать, минут через тридцать клуб был совершенно забит. Сплошная стена народу занимала лавочки, стулья, пространство около бара, не заставленную площадку перед сценой. Точная иллюстрация к выражению «как сельди в бочке», эквивалент американского выражения «как сардины в банке».

Мы готовы были начинать. Публика затаила дыхание, и напряженная тишина повисла над клубом в ожидании первых звуков «Посланцев Джаза», когда Арт вдруг выбрался из-за барабанов и подошел к микрофону.

— Кто-нибудь, позовите хозяина клуба, — потребовал он раздраженным голосом. Этого он себе никогда не позволял: проявлять своё раздражение на публике.

— Что это такое? — рявкнул он, указывая на провода и микрофоны, прикреплённые к потолку недалеко от сцены. Я тоже их заметил, но принял за безобидное добавление к более крупным микрофонам на сцене. Кто-то уже пробирался в нашем направлении, расталкивая публику.

– Это только, чтобы сделать запись для нужд клуба. Это совершенно не для коммерческой эксплуатации, – человек, очевидно, ответственный за добавочное звуковое оборудование, предпринял попытку убедить Артура в своих самых благородных намерениях.

– Вы подготавливаете всё для записи, а нам слова не говорите?

– Извините, мистер Блэки. Я виноват, мистер Блэки. Мы думали, вы не будете возражать. Это только для нужд клуба, для рекламы. Мы не собирались из этой записи делать пластинку или ещё что-нибудь в этом роде. Можете мне поверить, – человек всё ещё пытался справиться с дыханием.

– Уберите всё это отсюда сейчас же, если хотите, чтобы концерт начался. Такое сделать за нашей спиной! – Арт ещё ему немного добавил и пошёл к барабанам в глубине сцены, а хозяин клуба уже стоял на стремянке и разбирал аккуратно укреплённые провода и миниатюрные микрофоны.

«Я чуть было не попал на пиратскую пластинку с Артом Блэки. «Посланцы Джаза! С концерта в Париже!» – пронеслось у меня в голове, когда первые звуки вступления к «Джоуди» на барабанах каскадом обрушились сзади, превращая улюлюканье, переросшее в свист и ругань, в гром аплодисментов. Началось! – Дуй в свой инструмент. Дуй в свой инструмент».

Вместо вступления к моему сольному номеру с оркестром в тот прекрасный весенний вечер я сыграл отрывки из «Апреля в Париже» и перешел на мелодию по своему собственному выбору – «Осень в Нью-Йорке». Параллель была тут же замечена и прокомментирована нашим музыкальным директором.

Каждый раз, когда публика выражала своё удовольствие игрой солистов или оркестра в целом, её реакцию можно было квалифицировать как «аплодисменты, переходящие в бурную овацию; все встают», поскольку публика была в таком же восторге, как и на любом другом нашем концерте и, в большинстве своём, провела весь вечер на ногах.

Вот это были времена! Теперь уже с Артом Блэки не поиграешь!

После второго концерта мы пошли в местный клуб послушать оркестр под руководством американца, поселившегося в Париже, легендарного Кени Кларка. Арт выглядел совершенно естественно в роли бывшего ученика, который сам стал знаменитостью. Он часто с большим уважением говорил о своих любимых ударниках, от которых чему-то научился. Среди них были Чик Уэб, Сид Катлет, «Фили Джо» Джоунс, Кени Кларк...

На третьем концерте в публике присутствовала почётная гостья. Чен Паркер, вдова создателя целого музыкального направления «Би Боп», со своей дочерью пришли послушать наш оркестр. После концерта, вместо того чтобы вернуться в гостиницу, упаковать багаж и лечь спать пораньше, мы допоздна засиделись в ресторане над клубом, слушая рассказы Чен о её жизни во Франции и о дочери, которая училась пению. В общем и целом в Европе ей было хорошо, но она скучала по Америке.

Рано лечь спать почти никогда не удавалось. Наиболее типичный распорядок «Посланцев» на гастролях можно вырубить на камне: самым ранним рейсом летим куда-нибудь, полёт может быть в любую точку земного шара. Прибытие, встреча в аэропорту, поездка в гостиницу, поселяешься в номер, принимаешь душ, через полчаса все встречаемся в вестибюле, чтобы поехать на место концерта, где будет проходить ненавистная «проверка звука». Пока звукооператоры воздвигают колонки и мониторы, протягивают шнуры и расставляют микрофоны – раздуваешься. После того как скажешь звукооператору: «Как только установили уровень громкости всех инструментов, пожалуйста, больше ничего не меняйте», – достаточное количество раз, «проверка звука» считается законченной и все отправляются в ресторан перекусить перед концертом. В некоторых вариантах распорядка после «проверки звука» подают бутерброды. Не раз и не два случалось, что мы застрянем где-нибудь во время своих путешествий и прибудем на место концерта прямо перед запуском публики в зал или даже когда народ уже заполнит зал и сидит в ожидании начала. Выходишь на сцену и играешь, опуская все промежуточные фазы за исключением раздувания. После концерта – обед, устроенный в нашу честь организатором или организаторами концерта, на который приглашены все его друзья с жёнами. Спонсоры с друзьями и жёнами тоже приглашены. Если где-нибудь поблизости находится джаз-клуб, любой, даже самый захудалый, после ужина мы направляемся туда и засиживаемся в нём допоздна. Возвращаемся в гостиницу, чтобы хватило времени упаковаться, может, поспать часа два и потом выехать на следующий концерт или в аэропорт и вылететь первым рейсом, возможно, в тот самый город, из которого прилетели накануне. Как было, например, когда мы добрались из Сицилии до Парижа и на следующий же день вылетели на самый юг Италии, в Калабрию, с тем, чтобы ещё раз повторить ту же секвенцию: дорога – прибытие – гостиница – «проверка звука» – концерт – обед – джаз-клуб – гостиница и опять всё сначала. Этот распорядок повторялся и повторялся, пока цепочка разовых концертов не прерывалась и мы не оказывались где-нибудь вроде Лондона на двухнедельный ангажемент в «Рани Скотс», или в мюнхенском «Домисил» с четверга по воскресенье, или в любой из столиц земного шара от двух дней до двух недель, или просто не застревали в гостинице посреди какой-нибудь глухомани на свободный день. Япония, Европа или Америка – не имело значения. Сизифовы труды продолжались неизменно пятьдесят две недели в году.

Все четыре года моей работы с «Посланцами» теперь воспринимаются как одно большое турне. Даже пребывание в Нью-Йорке, в своей собственной квартире, не давало ощущения, что ты дома, а скорее, что ты в одном из городов, указанных в расписании гастролей, – только номер в гостинице побольше и обслуживание более индивидуальное. Если нам приходилось выступать в родном городе кого-нибудь из музыкантов, Арт Блэки обязательно объявлял: «Уроженец Атланты» или «Уроженец города Канзас», и публика взвывала от восторга и гордости за то, что настоящий «Посланец Джаза» вышел из её рядов. Один раз мы были совсем близко от границы с Россией. Одна только мысль об этом сразу восстанавливает в мельчайших деталях тот, теперь уже далёкий, момент...

...Оркестр только что прибыл из Нью-Йорка в Хельсинки. Рейс здорово задержался. Оттуда едем на Джаз-фестиваль в Пори – довольно продолжительная поездка из аэропорта. Времени на гостиницу или ещё что-нибудь в этом роде нет, сразу направляемся к месту концерта... стою под высоким тентом, охраняющим меня от проливного дождя, и пожёвываю сухой бутерброд в перерыве между упражнениями на раздувание. Сотни людей, между прочим, ждали выступления «Посланцев Джаза» под проливным дождём. Россия была так близко и в то же время так далеко за Железным Занавесом! Тут-то хриплый голос Арта Блэки и заставил меня вздрогнуть:

– Ты хотел быть музыкантом, Валерий?

Он думал, что я перебирал в уме трудности, которые несёт с собой профессия музыканта. Нет, на этот раз он был не прав. Я думал о Петербурге, до которого от того места, где мы находились, ходил рейсовый автобус, но было очень маловероятно, чтобы я смог попасть на этот автобус в ближайшем или даже не в ближайшем будущем. Как потом выяснилось, прошло 17 лет, прежде чем я смог в первый раз вернуться на родину. Но ни эти, ни какие-то другие трудности моей профессии не отвлекали меня. Музыка – вот единственное, что имело значение. Добраться до сцены, играть с Артом Блэки, вот что в первую очередь и прежде всего было важно, как и моему брату Бобби или любому из «Посланцев».

На следующий день, после завершения ангажемента в Париже, с самого утра мы погрузились в три такси и приступили к выполнению нашего распорядка – выезд в аэропорт, посадка в самолёт, полёт, прибытие – на этот раз Осло, Норвегия – паспортный контроль...

...Ой! Ну только не это опять! Офицер паспортного контроля с презрением на лице оттолкнул моё «разрешение на возвращение»...

– Отказано во въездной визе. Бумага не годится.

Через несколько минут новость уже дошла до организаторов норвежской части турне, в основном студентов местного университета, которые нас ждали у выхода из таможни. Одному из них разрешили пройти на мою сторону.

– Мы им покажем! Эта партия никуда не годится. Народу Норвегии нужна другая партия, – он продолжал выкрикивать названия враждующих политических партий, которые я пропустил мимо ушей. – Скоро выборы. Мы устроим скандал. Мы сделаем посмешище из старой партии. Не пустить музыканта в нашу страну! Это неслыханное безобразие. Они нарушают права человека! – мой доброжелатель был очень похож на «большого» Джона из «Вест Энд Кафе», только норвежский двойник Джона был намного ниже его ростом и говорил с акцентом.

– Они своё получат, – продолжал он меня уверять, пока офицер погранохраны эскортировал меня из маленького здания аэровокзала к двухэтажному, похожему на тюрьму, зданию через дорогу, которое оказалось гостиницей для транзитных пассажиров.

– Вам придётся остаться здесь до завтра, поскольку рейсов в Амстердам сегодня больше нет. – Офицер поселил меня в гостиницу и ушёл, а студент остался и провёл со мной ещё некоторое время.

– Мистер Блэки сказал, что тебе придётся завтра лететь

в Амстердам и там ждать прибытия оркестра. Вот тебе номер телефона, спросишь Фази.

Я знал, о ком он говорил. Фази была хорошей знакомой Артура – невысокая и очень обворожительная молодая женщина. Она была в аэропорту среди встречающих, когда мы впервые прилетели в Европу.

– Я приду завтра с утра на всякий случай, если возникнут еще какие-нибудь проблемы. Всё равно твой самолёт улетает только в час дня, – сообщил мой доброжелатель-студент, прежде чем распрощаться. Он, конечно, сначала представился, но я не мог ни на чём сосредоточиться и не запомнил его имени. Я всё думал об этой мороке с визами, которая не могла продолжаться бесконечно, и о том, что Арт рано или поздно скажет: «С меня хватит».

На следующее утро мой студент явился с целой кипой газет под мышкой.

– Валерий! Ты только посмотри! Это наши центральные газеты, – воскликнул он взволнованно и развернул одну из газет на первой странице. Я увидел себя с окаменевшим лицом на фотографии во всю страницу. В другой газете, тоже на первой странице, была фотография, изображавшая меня в момент подписания декларации о немедленном выезде из Норвегии.

– Я тебе говорил! Валерий, ты увидишь, у нас будет другая партия после этих выборов. Я тебе гарантирую.

Я уже поднимался по трапу, а мой друг-студент всё ещё продолжал выкрикивать лозунги и обещать мне наступление, после выборов, счастливого и светлого политического будущего его страны.

Мне так и не пришлось проверить, уступила ли своё место правящая партия, но когда через несколько месяцев я пришел в Норвежский Консулат в Нью-Йорке за визой перед нашим следующим Европейским турне, меня приняли, как бога.

– Ой! Мистер Пономарёв! Ой, пожалуйста, мистер Пономарёв! Будьте любезны ваше «разрешение на возвращение», мистер Пономарёв. Пожалуйста, подождите одну минуточку, мистер Пономарёв, – две секретарши суетились вокруг меня, как будто я был важнейшим в их жизни клиентом, и исчезли в глубинах Консулата с тем, чтобы появиться буквально через минуту с моим документом в руках. Они его несли вдвоём, как будто это была хрустальная ваза, или раскалённая добела пластинка золота, или ещё что-нибудь в этом роде. – Мистер Пономарёв, вот ваша виза. Мы надеемся, что ваш визит в нашу страну пройдёт очень хорошо. Добро пожаловать в Норвегию. Пожалуйста, приходите ещё.

Я от всего сердца поблагодарил обеих дам и вышел в полной уверенности, что какая бы партия ни стояла у кормила политической власти в Норвегии, я за неё проголосовал бы без малейшего колебания.

Добраться до Амстердама не представило никаких проблем. Оставив свой багаж в номере гостиницы, я вышел на улицу и провёл остаток дня в бесцельном шатании по гостеприимному городу. Уже поздним вечером я решил посидеть где-нибудь и спустился по лестнице, ведущей вниз, в первый попавшийся бар. Бар был забит молодёжью, кто танцевал, кто стоял в обнимку. Я поудобнее устроился на подоконнике, но долго не просидел и вернулся в гостиницу. День подошёл к концу.

– Валерий, что ты вчера делал в клубе для школьников? – спросила меня Фази на следующий день, когда я позвонил узнать, нет ли каких новостей от «Посланцев Джаза». Она засмеялась, пытаясь казаться озадаченной.

– Какой клуб для школьников? – я не мог понять, о чём она говорит.

– Вчера поздно вечером тебя видели в таком-то клубе по такому-то адресу. Там школьники собираются.

– А, теперь я понимаю, о чём ты говоришь. Я не сообразил сначала, что это клуб для малолетних. Откуда ты знаешь, что я там вчера был?

– Этого я не могу тебе сказать. У меня есть свои осведомители, – сказала она и опять засмеялась.

— Ты знаешь бармена в клубе? Он был на наших концертах. Или ещё что-нибудь в этом роде, – высказал я догадку.

— Нет, моя пятнадцатилетняя дочка там была.

— У тебя есть дочка?!

— И сын тоже. Им очень нравится, как ты играешь. Ты знаешь, они приёмные дети Артура.

— Не может быть! Я бы никогда не поверил, что у тебя есть дети, да ещё такие большие.

— О да. Ну ладно, Арт звонил. Вчера они отыграли концерт и, может, отыграют ещё один сегодня, но завтра они точно возвращаются в Амстердам. Арт сказал, что без трубы нет «Посланцев Джаза», и отменил последующие концерты в Норвегии, так что у вас, ребята, получился незапланированный отпуск в Амстердаме.

— Он отменил три концерта?!

— Не переживай. Дело не только в этом. Я думаю, он хочет побыть со мной в Амстердаме и с детьми тоже.

— О Боже милостивый! – только и смог я выговорить и договорился встретиться с Фази на следующий день, чтобы поехать вместе встречать Артура с оркестром.

Был замечательный солнечный день. Арт шёл прямо на меня и улыбался. Я не мог понять, как он мог улыбаться при виде меня, потеряв только что из-за моей персоны столько денег.

— Извините, Арт, – ничего лучшего в качестве утреннего приветствия я придумать не смог, приготовившись к худшему.

— Валерий, не переживай. Благодаря тебе мы получили рекламу на сотни тысяч долларов. Поживи в Амстердаме в своё удовольствие. Мы здесь пробудем несколько дней, а потом опять поедем в Копенгаген. Он тебе в первый-то раз понравился?

— У меня тогда совсем времени не было.

— На этот раз будет. Мы играем в «Монмартре» три дня. Отель прямо над клубом.

– Название, как в Парижском Латинском квартале.

– Да, точно такое же.

Мне это очень понравилось – не надо ходить по улицам искать клуб и время тратить, просто спускаешься по лестнице на следующую площадку, потом на следующую, потом ещё на одну, открываешь дверь и ты в клубе. Поворачиваешь направо – контора клуба.

– Привет, Валера, – услышал я чей-то голос. За письменным столом в конторе сидел какой-то человек.

– Меня зовут Крис. Я хозяин клуба. Чувствуй себя как дома, – он говорил так, как будто знал меня уже много лет.

– Рад с вами познакомиться.

За исключением самого клуба, интерьер которого сильно отличался от интерьера клуба в Париже, всё остальное в Копенгагенском «Монмартре» повторилось, как в кино, которое тебе понравилось с первого раза и ты пришел его посмотреть ещё раз, – переполненный клуб, друзья Артура, взволнованная публика, шторма, громы и бури аплодисментов. В первом перерыве, пробираясь сквозь толпу, я увидел у задней стойки бара мистера Герберта фон Дер Банка.

– Ой, мистер фон Дер Банк! Очень рад вас видеть. Извините, пожалуйста, я так забегался, не было возможности послать вам приглашение. К тому же я не мог вообразить себе, что у вас найдётся время прийти в клуб, – попытался я замаскировать своё смущение, как только мог.

– Не беспокойся о приглашении, у меня абонемент на весь год. Как твоё турне проходит?

Я ему рассказал о происшествии в Норвегии, надеясь, что худшее уже позади, поскольку оставшиеся недели турне проходили в Германии, Голландии, Дании и один день в Париже, куда визы уже были оформлены. По возвращении в Америку я не ожидал никаких проблем с обменом статуса в моём «разрешении на возвращение» на «без национальности».

Во втором отделении, в соло на трубе с оркестром, я исполнил «Голубую луну» по просьбе Артура и получил за это гром аплодисментов. После окончания отделения Арт сидел за столом со своими друзьями, а я проходил мимо, гордый собой.

– Нужно знать слова к балладе, которую ты исполняешь, – обратился Артур ко мне из-за стола. – Когда ты работаешь над балладой, ты должен знать не только мелодию и аккорды к ней, но и слова тоже, потому что, когда люди слушают твоё исполнение их любимой мелодии, они сразу узнают по фразировке и настроению, знаешь ли ты, о чём играешь, или нет. По меньшей мере, нужно ознакомиться со словами, чтобы иметь хотя бы общее представление о настроении мелодии.

Я слышал, как Арт Блэки говорил то же самое Дэвиду и Бобби, когда они репетировали новую балладу для своего сольного номера с оркестром, но мне он никогда ничего об этом не говорил. Я знал, что ему нравилось моё исполнение баллад («Я помню Клиффорда», «Моя одна-единственная любовь», «Осень в Нью-Йорке» и т.д.), потому что он меня приглашал выступить с сольным номером в каждом концерте, а иногда даже по два раза за концерт, хотя слов я ни к одной из песен не знал.

Я подошел поближе.

– Присаживайся, – Арт пригласил меня к столу, – понимаешь, Валерий, у тебя очень красивый звук и ты очень хорошо чувствуешь мелодию, но слова к мелодии всё-таки нужно знать. – И он выложил мне лекцию по полной программе, которую я выслушал по стойке смирно, понимая, что Арт услышал что-то не то в моей интерпретации знаменитого стандарта.

Арт многому нас научил, словами и делом, и он всегда точно знал, о чём он говорит.

У меня была одна идея в голове, когда я спросил Артура:

– Только солисты должны знать слова или участники ритм-секции тоже?

– Конечно, все их должны знать, – таков был ответ.

Арт никогда не был для меня просто музыкантом, человеком. Сколько я его знал, он оставался для меня живой легендой и кумиром.

– Арт, – начал я, – мы в Дании. Где мне теперь взять слова к американской песне? Пожалуйста, напишите мне их.

Атмосфера вокруг нас сразу накалилась. Все на меня смотрели с осуждением, как будто хотели спросить: «Ты это серьёзно, ты уверен, что имеешь право проявлять недоверие к великому музыканту?» Мне показалось, что даже Арт посмотрел на меня с каким-то недовольством. Ничего не сказав, он взял ручку и бумагу. Ручка выглядела неловко в его пальцах, привыкших к барабанным палочкам, но он водил ею в медленном и твёрдом темпе без каких бы то ни было отклонений.

Мне показалось, что он опять на меня посмотрел как-то странно, протягивая мне лист бумаги.

– На, это поможет тебе выразить смысл песни, вложенный в неё авторами, – сказал он своим хриплым голосом.

– Арт, – начал я, – пожалуйста, подпишите: «Валерию Пономарёву, чтобы он играл лучше». Или ещё что-нибудь в этом роде.

У него на лице расплылась улыбка польщённого человека.

– Ты что, Валерий? Ты что, смеёшься? Ты же сам Посланец Джаза. Тебе мой автограф не нужен, – он продолжал улыбаться, подписывая: «Написано Артом Блэки для Валори». Его дочка, Эвелин, по сей день зовёт меня Валори вместо Валерий.

Ещё одно маленькое происшествие случилось во время турне, когда мой документ очутился под пристальным взором офицера паспортного контроля в Парижском международном аэропорту «Орли». Он уже занёс руку с печатью в воздух, чтобы поставить визу в моём документе, когда я услышал гудящий где-то надо мной и немного сзади голос: «Валерий, не горячись».

В своём воображении Джим вносил «ценный вклад» в такое важное мероприятие, как моё благополучное прохождение границы, но достиг совершенно противоположного результата. Офицер окинул его пристальным взглядом, потом посмотрел на меня и отставил печать в сторону.

— Вам придётся подождать, — сказал он и отодвинул мой «заменитель» паспорта в сторону.

— Я не могу ждать слишком долго, я опоздаю на самолёт. К тому же мой документ уже проверяли. У меня всё в порядке.

— Не беспокойтесь, мой начальник сейчас придёт. Подождите здесь, — он указал на лавочку в углу. Джим тем временем поспешил вдогонку остальным «Посланцам». Я уставился на часы на стене, наблюдая за стрелками, которые отсчитывали минуты. Посадка! Минуты продолжали свой марш – никакого начальника. Наконец он объявился, когда время посадки прошло и самолёт уже должен был быть в воздухе, дал разрешение пропустить меня через границу и пошёл со мной к воротам посадки. Когда я вошёл в туннель, ведущий к самолёту, то увидел в конце туннеля Артура, сидящего на стуле перед настежь открытой дверью в самолёт. Он не обращал никакого внимания на суетящихся вокруг него стюардесс. По выражению его лица они уже должны были понять, что этот самолёт никуда не улетит, пока «Посланцы Джаза» не будут в полном составе. Когда я попал в поле его зрения, он поднялся со стула, ничего не говоря, подождал, пока я пройду в самолёт, и деловито проследовал за мной, позволяя таким образом стюардессам закрыть дверь и начать подготовку к взлёту. Остаток турне пролетел, как дуновение ветра, без каких бы то ни было проблем.

Я не перестаю поражаться тому факту, что все события в жизни движутся из будущего в настоящее и потом в прошлое. Куда только время девается? Как будто ничего не произошло, через пять недель (были и восьминедельные и даже десятинедельные турне) Арт Блэки и «Посланцы Джаза» находились в аэропорту «Шлисел» (Амстердам, Голландия) в ожидании своего рейса в Нью-Йорк. Мы с Бобби стояли около стенда «Оформление билетов и сдача багажа», обсуждая только что прошедшее турне и предстоящие концерты в Вашингтонском клубе «Аллея Блюза», когда раздалось: «Давай мне мои деньги», произнесённое твёрдым и слишком знакомым хриплым голосом. Мы оба насторожились, уставившись друг на друга.

— Давай мне мои деньги, — повторил голос, на этот раз громче, заставляя нас повернуться в ту сторону, откуда он раздавался. Нашим взорам явилась картина: Арт, задравши голову, а Вим Витт, организатор турне по Европе, возвышаясь над ним и склонив голову, уставились друг на друга, как будто они играли в гляделки.

— Арт, пожалуйста, не так громко, люди вокруг. Я же вам сказал, что последний чек ещё не разменяли. Я привезу деньги в Нью-Йорк на следующей неделе. Я...

— Давай мне мои деньги, — Арт повторил ещё громче с той же твёрдой решительностью в голосе.

— Арт, пожалуйста, говорите потише. Люди смотрят. У меня нет денег. Как вы можете мне не верить!? Я привезу деньги на следующей неделе, когда последний чек оприходуется, — розовые щёчки Вима тряслись, а глаза мигали через каждые два-три слова.

Атмосферное давление вокруг них быстро поднималось, искры уже летели во всех направлениях, готовые разжечь пожар войны не на жизнь, а на смерть.

— Давай мои деньги. — Пожалуйста, потише. Как вы можете мне не доверять? — вопрос-ответ продолжались ещё некоторое время, пока голос Артура не достиг своего самого громкого децибела, а щёки Вима перекрасились в ярко-красный цвет и глаза мигали безостановочно. Тут-то и произошло чудо. С последним «Давай мои деньги» пухлая рука Вима исчезла в нагрудном кармане пиджака и опять появилась с аккуратно сложенным и довольно пухлым конвертом. Он протянул его Артуру без каких бы то ни было комментариев. Атмосферное давление стало тут же падать и к тому времени, когда Артур убрал конверт в нагрудный карман своего пиджака, секундой позже, самое большее, они с Вимом выглядели совершенно естественно, как два сотрудника, обсуждающие многообещающий совместный проект. Мы с Бобби вернулись в свои исходные позиции и опять уставились друг на друга.

– Урок понял? – спросили мы друг друга в унисон. Мы же не просто так играли в духовой группе «Посланцев Джаза»!

– Твоя мать звонила. Я сказала, что ты на гастролях, – сообщила мне Татьяна после первых поцелуев и объятий на американской земле. – Ты знаешь, она мне не очень-то поверила. Может, до неё дошел этот идиотский слух, который КГБ распустило?

– Она не могла такую чушь принять всерьёз. Уж она-то знает цену таким слухам, – успокоил я свою будущую «экс». Почти сразу, как только мы вошли в квартиру, раздался телефонный звонок.

– Валерий, это ты?

– Ма!

Воцарилась мёртвая тишина, и потом последовали беспомощные всхлипывания.

– Я никогда этому идиотскому слуху не верила. Сынок! Сынок!

– Ма!

– Сынок! Сынок! – она всё повторяла, потом постепенно взяла себя в руки. – Что все эти открытки означают? Рио-де-Жанейро, Париж, Берлин, Амстердам, как можно быть одновременно в стольких местах?

– Я поступил в оркестр «Арт Блэки и Посланцы Джаза». Мы были три недели в Бразилии, потом вернулись в Нью-Йорк и в тот же день вылетели в Европу на пятинедельное турне. Только что вернулся. На следующей неделе едем в Вашингтон.

– Кто такой Арт Блэки?

– Фотографии на стене помнишь?

– Да.

– На одной из них был Арт Блэки.

– Ааа.., вот в чём дело. Теперь я всё понимаю, – сказала мать, растягивая слова. – Который из них Арт Блэки? Красивый такой, с трубой?

– Нет, ма, это Майлс Дэвис, другой с трубой – Клиффорд Браун, а Арт Блэки с барабанными палочками.

– Благослови его Господь. Пиши из Вашингтона.

Вашингтон! Вашингтон! Самое худшее, что может произойти с трубачом, отвратительнейший из самых отвратительных кошмаров произошел со мной в Вашингтоне – простудная болячка на губе. И когда! В самый неподходящий момент. Прошли ещё только первые месяцы с момента моего поступления в оркестр «Арт Блэки и Посланцы Джаза». Что правда то правда – все хотели послушать и увидеть оркестр своими глазами. Оркестр продемонстрировал нечто беспрецедентное – на трубе в оркестре играл русский. Эта новость потрясла весь музыкальный мир. Кто только ни спрашивал Арта Блэки, критики, антрепренёры, хозяева клубов и т.д.: «Что ты делаешь, Арт? Зачем тебе русский в оркестре? Ты что, не мог кого-нибудь ещё найти?»

– Ты будешь мне говорить, кому играть на трубе в моём оркестре? Я решаю, кто может исполнять мою музыку, и для меня не имеет значения, откуда он приехал. Валерий Пономарёв был Посланцем Джаза задолго до того, как он поступил в оркестр, – таков был ответ. И никто не мог поколебать его решения. Ещё одну фразу мы от него часто слышали: «Если знаешь правду, не бойся её сказать». У меня до сих пор в ушах звучит его хриплый голос.

Всё было готово к премьере в «Аллее Блюза», самом представительном клубе столицы США. Какой кошмар! Нижняя губа распухла. Никакого звука нет, почти никакого, если уж быть совсем объективным.

– То же самое, что играть на саксофоне с поломанной тростью, – пытался я объяснить Бобби Уотсону, молодому таланту и моему новоиспечённому собрату по «Посланцам Джаза». Хоть он и играл на саксофоне, а не на трубе, я знал, что он поймёт, в каком положении я оказался. Даже при ближайшем рассмотрении было трудно заметить, что с губой что-то не то, а из зала и подавно музыкант на сцене выглядит совершенно одинаково – треснула трость или вспухла губа – заметить разницу невозможно. Но зато слышно сразу, что музыкант не владеет своим инструментом. Правда, никакой саксофонист, даже в самом отчаянном положении, и не подумает играть на сломанной трости. Я раньше слышал о таких вещах и даже видел трубачей, которым приходилось переносить этот отвратительный трубный кошмар, но со мной этого никогда не случалось. Я думал, что меня эта пакость не касалась.

Вспомнилась Бразилия – голубой океан, палящее солнце, пляжи, футбольные поля, люди, бразильская музыка, девушка, которая звала меня «Мистер Мелоди» – какое это было турне! А теперь? Всего только два месяца спустя, один в своём номере, охваченный паникой, уверенный, что Арт скажет: «Да, с такой губой тебе играть нельзя, мы сейчас ещё кому-нибудь позвоним». Всем известно, что любой трубач в мире отдаст свою правую руку за такую работу. Нечего и сомневаться – мои дни с «Посланцами Джаза» сочтены.

Расстроенный и подавленный, я пошёл к Уолтеру. Уолтер Дэвис видел все составы оркестра Арта Блэки и не только играл почти со всеми из них, но и в качестве музыкального директора писал для них музыку. Какой это был человек! Всегда был другом, всегда желал тебе удачи, всегда был готов помочь.

Каким бы дружелюбным и добрым ни был наш музыкальный директор, но в этой ситуации он мне помочь не мог. Простудная болячка есть простудная болячка и спорить с ней бесполезно. Всё утро я репетировал в уме как подойду к Артуру и скажу: «Арт, пожалуйста, не приглашай меня сегодня играть сольный номер с оркестром. Я еле могу дуть». Меня буквально заклинило на этой фразе – она со звоном всё повторялась и повторялась у меня в голове. Мне просто нужно было с кем-нибудь поговорить, прежде чем пойти к Арту Блэки и выслушать его вердикт, а наш пианист-музыкальный директор подходил для этого лучше всех.

– Делай что хочешь, только не говори ни слова об этом Артуру, – проинструктировал меня Уолтер, который по многолетнему опыту знал, как Арт, один из самых выдающихся руководителей оркестров за всю историю джаза, разрешал возникшие проблемы.

– Что?

– Ничего ему не говори, – повторил Уолтер.

Я уставился на него.

– Как можно ничего не говорить Артуру?

– Можешь не сомневаться, – убеждал меня мой поверенный, – я тебе расскажу, что происходило, когда Ли Морган и многие другие трубачи подходили к нему с той же самой проблемой.

Мне бы никогда и в голову не пришло, что такая беда могла приключиться с кем-либо из моих предшественников по оркестру, моих кумиров. Совершенно пораженный, глаза и уши раскрыты, я слушал Уолтера.

– Однажды Ли Морган заболел, – начал он – озноб, температура, наверное, дошла до ста пяти (по Фаренгейту). В расстроенных чувствах, он провёл в постели целый день. Губы вспухшие, напринимался таблеток и ещё чего-то. Ли попросил меня позвать Артура. Через полчаса мы все пришли к нему в комнату. Выглядел он ужасно – лицо тоже вспухшее, полотенце вокруг лба, на губах болячки. Тихим и дрожащим голосом легендарный трубач, знаменитый своим мощным звуком в числе многих других выдающихся качеств, прошептал: «Арт, посмотри на меня, я сильно болен, чувствую себя ужасно, играть сегодня не могу. Я умру, если только попытаюсь вылезти из постели». Бу с сочувствием смотрел на павшего гиганта, явно переживая за него. Арт всегда очень гордился трубачами, которые в разное время играли в оркестре, и этот молодой гений не был исключением. Арту больно было видеть Ли Моргана в таком состоянии. «Да, не сказать, чтобы ты хорошо выглядел, – согласился он, – концерт начинается в восемь». Сказав это, Арт Блэки повернулся и вышел из комнаты. В следующий раз он увидел больного через несколько часов на сцене. Зал, как обычно, забит до отказа, народ ревёт в предвкушении начала. Бу считает самую быструю и самую сложную тему в репертуаре. Следующая тема – сам знаешь, как он объявляет: «С Божьего благословения у нас в оркестре всегда играют лучшие в мире трубачи... и т.д.» – Уолтер почти в точности копирует Артура, как тот объявляет солиста. Я знаю это объявление наизусть, поскольку слышу его почти на каждом концерте. Через много лет это всё то же объявление, только список предшествующих трубачей длиннее. – Ну вот, – продолжил Уолтер, – сразу после головокружительного вступления Бухейна (Арт Блэки) приглашает Ли к рампе для сольного номера с оркестром. Что было Ли делать? Бежать со сцены и вернуться в Штаты? Всё происходило в Париже. Единственное, что он мог сделать, играть, как получится, но играть. И он-таки сыграл. Не скажу, – продолжал Уолтер, – что он играл со своим обычным блистательным владением инструментом, но, в общем, выступление было замечательным. Публика разразилась овациями. Долго не утихали громовые аплодисменты. «Музыка, это не только высокие ноты и громкий звук», – музыкальный директор опять почти в совершенстве скопировал Артура. – Нечего и говорить, что оставшаяся часть концерта и всего турне прошли без каких бы то ни было проблем. Как раз-два-три, – закончил Уолтер.

Да, это было давно, как мне казалось, и это был Ли

Морган, один из моих героев и «трубных королей». А вот что мне, Валерию Пономарёву, теперь делать?

Конечно, я сходил к врачу в полной уверенности, что он не сможет ничего поделать. Лекарь прописал мне лекарство, яркую белую мазь. Да, да, может быть, припухлость и спала бы к концу недели, может, даже через два-три дня, при условии, конечно, что я не издам ни единого звука, но как быть сегодняшним вечером, в день премьеры?

По опыту только что прошедших турне в Европе и Бразилии я знал, что в клубе будет полно народу – многочисленные друзья Артура, критики, представители печати и публика, публика, публика. Все хотели услышать и увидеть «Посланцев» и меня, Валерия Пономарёва, русского из Москвы, играющего на трубе.

Какой срам! Какой позор! Я не мог даже гамму точно сыграть. Хоть я и намазал мазь на нижнюю губу, но она никакого эффекта не оказывала. Ну, придётся как-то пережить всё это. А что тут поделаешь? Мне нужно было куда-то деваться от своих мыслей, уйти куда-нибудь, походить по улице, уйти из комнаты. Я именно так и сделал – вышел, запер дверь и пошел к выходу с территории. Пока я шел, приблизилась машина, тоже направлявшаяся к выходу. И кто бы там мог быть?! Арт Блэки в своём блестящем новизной Кадиллаке с новым пассажиром на переднем сидении – красавицей Джей. Я подошел поздороваться к окну машины со стороны водителя, не забывая о совете Уолтера.

– Привет, Арт, – сказал я, стараясь выглядеть как можно беззаботнее.

– Привет, Валер, – ответил он радостно, – а что это у тебя на губе? – Кровь ударила мне в голову.

– Арт, пожалуйста, не давайте мне соло с оркестром сегодня, я едва могу дуть, – услышал я сам себя, произносящим фразу тихим голосом. Сейчас он мне выдаст.

– Надо следить за своей диетой, всё это от желудка идёт. Теперь тебе его промыть надо и принять витамины.

Всё будет в порядке. – Он знал, что я бы лучше умер, чем играл сегодня вечером, или лучше бы его шикарный Кадиллак вместе с Джей на переднем сидении проехался по мне. – Увидимся в клубе, – добавил он и уехал, скорее всего, в какой-нибудь роскошный ресторан обедать.

Ну, вот и «Аллея Блюза» в вечер премьеры. Клуб забит до отказа, даже встать негде. Я на сцене в духовой группе, всё ещё в надежде на чудо. Гул в публике затих, огни погашены, только сцена ярко освещена. Арт играет вступление к первому номеру. Он никогда нам не говорил заранее, что мы будем играть. У нас не было запланированной программы, и мы никогда не обсуждали даже, какая будет первая мелодия. Арт просто играл восемь или шестнадцать тактов, и по его игре мы уже знали, к какой теме он играл вступление. Ой! Боже милостивый, ведь это же «Уран»! Мы вступаем. Всякая надежда улетучилась с первыми же звуками. Через несколько тактов я уже не справлялся с мелодией. Пока мы играли мелодию, я ещё мог кое-как скрываться за саксофонами, но когда пришел мой черёд солировать, деваться было некуда: потеря звука, верхнего регистра, стаккато и вдохновения выступили напоказ. Я закрыл глаза, как я обычно делаю во время исполнения, чтобы лучше сосредоточиться, но на этот раз ещё и для того, чтобы не видеть всех этих людей, уставившихся на нас. Я знал, что в публике сидели критики из Вашингтонских газет, представители Русского отдела Голоса Америки и публика, публика, публика... Я бы рад был провалиться сквозь сцену и исчезнуть, но вынужден был закончить номер и находиться там до самого конца, каким бы горьким он ни был. Если бы я хоть мог им сказать: «Я вовсе не так играю, не судите меня по сегодняшнему представлению, я болен, у меня губа вспухла, это всё равно, что играть на скрипке без струн, я тону».

Все остальные играли замечательно, с огнём, с вдохновением, с изобретательностью, с владением инструментом. Публика была в восторге. Громовые аплодисменты разразились с последним ударом тарелки, означающим конец «Урана». Это я только всё портил. Почему это должно было со мной случиться – испортить представление оркестра моей мечты? «Арт Блэки и Посланцы Джаза».

– С Божьего благословения у нас всегда играли лучшие трубачи в мире – Клиффорд Браун, Кени Дорэм, Дональд Бёрд, Ли Морган, Фрэди Хабарт, – голос Артура заставил меня вздрогнуть, – а теперь, разрешите мне вам представить...

Кого это он представлять собирается публике? О чём это он говорит? Я знал наизусть всю эту речь. Она была почти частью представления и подводила к моему соло на трубе с оркестром. Он меня так объявлял с момента моего поступления в оркестр. Но кто будет играть сегодня?

На сцене у Артура был всегда счастливый вид. Это святое место под названием «сцена» принадлежало ему. Он знал, как держать себя, как общаться с публикой, как подчинить себе публику. И всё это выглядело совершенно естественно.

– ...у него прекрасный звук, ...он необыкновенно одухотворённый музыкант, ...из далёкой России, города Москвы, Валерий Пономарёв.

Бежать было некуда. Я стоял в свете рампы. Поверхность под моими ногами не раскалывалась и не проглатывала меня. Атомная бомба не взорвалась. Ничего такого не произошло. Я стоял с трубой в руках, лицом к лицу с публикой. «Из России, из России», – напряжённый шёпот прошелестел по залу и воцарилась полная тишина.

Первые пара нот «Осени в Нью-Йорке», и уже приходится передувать. Я был в полусознательном состоянии, как будто наблюдал за собой со стороны, пытаясь удержать, насколько это было возможно, звуки прекрасной мелодии – ноты выскальзывали у меня из-под пальцев, звук становился всё тоньше и тоньше, и потом ничего, темнота. Сознательно я больше там не присутствовал.

Должно быть, уже прошла мелодия и моя импровизация на неё, соло контрабаса на половину формы и мелодия на коду, потому что уже шла каденция. Я взял последнюю ноту. Раздался громкий шум. Какой позор! Какой срам! Я побежал со сцены между рядами в публике, наверх по лестнице в артистическую уборную и упал в кресло, закрыв лицо руками. Мне никогда не было так плохо, даже маленьким ребёнком я никогда так не плакал.

Кто-то постучал в дверь.

– Можно войти? – это был голос девушки, с которой я познакомился за два дня до этого на нашем концерте в одном из парков Вашингтона.

– Пожалуйста, подожди меня за дверью, сейчас выйду, – сказал я, пытаясь изо всех сил контролировать свой голос. Потом я услышал её лёгкие шаги вниз по лестнице.

– Давай, Валер, – мой брат Бобби с саксофоном, повисшим у него на шее, сказал, входя в комнату, – ты сыграл прекрасно; они всё ещё хлопают свои жопы на отрыв.

Мы с Бобби постоянно ругались изо всяких мелочей, ну, как братья часто ругаются, когда мы работали в «Посланцах», но по крупному счёту мы всегда поддерживали друг друга.

«Музыка это не только высокие ноты и громкий звук», – он тоже отлично имитировал голос руководителя нашего оркестра. Снизу доносились громкие и настойчивые аплодисменты. Как Артуру это удалось? Тут меня никто не обманет. Я-то знал, что не сыграл стройно ни одной ноты. Арт приложил к этому руку каким-то образом. Он был волшебником, преподносящим публике «Посланцев Джаза».

Нечего и говорить, что конец концерта прошел как раз-два-три. После «Урана» и сольного номера, да ещё в самом начале концерта, ничто уже не казалось таким невозможным, как казалось сначала. Вот в чём всё дело-то! Арт проведёт тебя через невозможное, а потом уже твоё сознание готово бороться с чем угодно. Его миссия за-

ключалась не в том, чтобы пригласить подающего на-
дежды музыканта, а потом через пару месяцев его уво-
лить, потому что новичок попал в беду. О нет, он вылеп-
ливал «Посланца» из каждого из нас. В тот раз была моя
очередь.

Наследник на «Трубный престол»

В Европе в основном выступления проходили на разных площадках каждый день, с некоторыми исключениями. В Японии – половина на половину, а в Штатах от одной до двух недель в каждом городе, иногда подворачивался фестиваль или выступление в колледже. Поскольку Великобритания не находится на Европейском континенте, я бы поставил выступления в Лондоне в одну категорию с американскими турне. К тому же язык почти такой же. Две недели в Лондоне! В «Рани Скотс»! Лучше не придумаешь. Тут совсем другой набор сизифовых трудов, а именно: просыпаешься. Идёшь в какую-нибудь забегаловку поблизости завтракать. Возвращаешься в гостиницу. Занимаешься. Иногда отбиваешься от нападок консьержа, которому сообщили, что из твоего номера доносится страшный шум. Идёшь болтаться по городу. Возвращаешься в гостиницу. Принимаешь душ. Одеваешься для концерта (форма у нас тогда была, по предложению Арта Блэки, – модные джинсовые рабочие комбинезоны). Идёшь в клуб. Раздуваешься. На старт – внимание – марш – играй. Каждый день! Понедельник – это другое дело. В турне выходной день всегда самый скучный, но только если ты не в Лондоне.

Я много раз слышал, что в Лондоне всегда идёт дождь. Даже местные старожилы подтверждают этот слух. А по моему опыту всё наоборот. За редким исключением, по сегодняшний день, каждый раз, когда я приезжаю в Лондон, погода стоит замечательная.

В мой первый понедельник в столице Великобритании Карлин Эрос, барменша из клуба, свой человек в «Рани Скотс», и я гуляли до наступления ранних часов вторника. Было уже время завтрака, когда я оказался запертым в душевой на первом этаже, где она жила. Карлин не успела мне сказать, что замок надо ставить на щеколду, чтобы он не захлопнулся, так как ключ куда-то запропастился. Потом она его нашла. Так или иначе, ей пришлось идти во двор и оттуда открыть окно в душевую, чтобы меня вызволить. Ну и спасательная получилась экспедиция добраться до её комнаты с одним полотенцем в руках – выбраться из окна во двор, пробежать по улице вокруг здания и вернуться в надёжное уединение её маленькой комнаты. Никто нас не видел, мне кажется. Я оделся и пошел на улицу в поисках чего-нибудь на завтрак, когда пришел её черёд принимать душ. Всё ещё под впечатлением от происшедшего, она сжимала проклятые ключи в своей маленькой ручке.

Звуки посуды и людских голосов, доносящиеся с другой стороны улицы, привлекли моё внимание. Это был один из многочисленных лондонских пансионов, которые за небольшую цену обеспечивали своих постояльцев ночлегом и чашкой кофе с булочкой на завтрак. Весь первый этаж был заполнен людьми разных возрастов. Они сидели за столиками с кофе в красивых серебряных кофейниках, завтрак был сервирован на таких же красивых серебряных подносах, заваленных фарфоровыми чашками, хлебными булочками, маслом и вареньем в кубиках. Многие были с фотоаппаратами. Некоторые рассматривали карту города – туристы, все взволнованы, отпуск уже идёт, Биг Бен, Мост Ватерлоо, Хайд Парк, Британский Музей, Пикадилли, заседания в Британском Парламенте, Букингемский Дворец, магазины во всю длину улицы Оксфорд. Всё это вместе и в отдельности по праву принадлежало им.

– Что вы будете, чай или кофе? – вдруг услышал я вопрос, обращённый ко мне девушкой в переднике, очевидно, служившей в пансионе, которая, откуда ни возьмись, выросла передо мной. Я сказал: «Кофе». Она развернулась и убежала с тем только, чтобы через минуту появиться опять с серебряным подносом, а на нём были кофейник, фарфоровые чашки, булочки, масло и джем – завтрак по полной программе. Она сунула всё это мне в руки и опять убежала. Ну я развернулся и вышел из гостиницы через ту же дверь, в которую вошёл, пересёк улицу и добрался до комнаты Карлин, ни капли не пролив и ничего не уронив с подноса. Тут она и ждала меня, вытирая свои шикарные волосы, пышущая свежестью маленькая красавица, такая, какой девушка может быть только в двадцать лет.

– Что это? Где ты это взял? – Карлин была потрясена. Она улыбалась своей очаровательной улыбкой ребёнка, который готов получить Рождественский подарок в любое время года. Шел май. – Ой, я просто влюблена в этот серебряный сервис. Он совершенно замечательный. – Она закатывалась от смеха, когда я рассказывал, как он мне достался. – Из пансиона через дорогу? Свят, свят, свят! Я его обратно не понесу, ни за что.

– Я его тоже обратно не понесу, – сразу заверил ее я. Тут мы решили, что сервис останется у Карлин, поскольку нести его обратно на его законное место было некому. Разрешив эту проблему, мы отправились в «Рани Скотс», где Карлин прождала меня два часа, пока я занимался. Она меня перебила только пару раз, поинтересовавшись моим дыханием.

– Я учусь пению, ты знаешь? Мне будет очень полезно освоить твой метод дыхания. – Потом мы где-то поели и опять пошли в Хайд Парк. Как и накануне, погода была замечательная. Она горько плакала, когда я сказал, что женат. – Почему мне всё время не везёт? – повторяла она, всхлипывая. – Мужчина, с которым я сошлась до тебя, намного меня старше. Он чуть-чуть выше тебя, вся голова седая. – Мы с ней всё равно не расстались. Только к вечеру нам пришлось ненадолго разойтись по своим жилищам.

Из всех моих рабочих комбинезонов Карлин нравились больше всех светло-голубые. Перед тем как отправиться в клуб, я аккуратно их завернул и подал ей пакет через стойку бара перед началом первого отделения. Рани Скот, красивый джентльмен и потрясающий тенорист (тенор-саксофонист), уже объявлял оркестр. В дополнение к объявлению он сообщил публике, что две подозрительные личности, одетые в серые плащи, поджидали меня у выхода. То же самое он говорил всю предыдущую неделю. С первого раза я понял, что он надо мной подшучивает. С невозмутимым видом он пытался «предупредить», что двое агентов КГБ в штатском приготовились выполнить задание по насильственному возвращению меня в Союз – связать, усыпить, погрузить в самолёт и т.д. Рани самому этот розыгрыш очень нравился, ну я и прикидывался, что принимаю его всерьёз, и подыгрывал ему.

На той неделе в качестве сольного номера я впервые сыграл «Я помню Клиффорда», а вышло так, что потом я играл эту тему чуть не каждый концерт ещё три с половиной года. Какая мелодия! Мне никогда не надоест её играть, даже если бы Арт меня приглашал её исполнять ещё сто лет. Публика на этот раз сама себя перещеголяла. Я уже несколько раз откланялся людям, сидящим в темноте, которая окружала ярко освещённую сцену, обернулся поклониться Артуру, а шторм аплодисментов, визга и криков всё ещё бурными волнами накатывал из темноты, окружавшей меня, а Арт всё стоял за барабанами, подбадривая публику хлопать дальше.

Во время перерывов в тот вечер, как, впрочем, и в любой вечер за те две недели, бар и весь клуб были забиты до отказа. Только под конец рабочего дня, когда пришло время забирать Карлин, я смог пробраться к бару. Арт тоже там стоял в ожидании кого-то, а может, он ждал, когда подадут что-нибудь выпить.

– Я сейчас буду готова, – сказала Карлин и перегнулась через стойку, чтобы поцеловать меня в щёку, – я быстренько переоденусь, и мы можем идти, – добавила она и скрылась за дверью маленького закутка в конце бара. Арт как-то странно на меня посмотрел. Я стоял спиной к бару и думал, что сейчас раздастся: «Нужно знать слова к песне...», которые я не знал, но Арт ничего не сказал, только всё смотрел на меня. Глаза его были сантиметра на два выше уровня моих глаз, голова вся седая. Тут я почувствовал, как маленькие пальчики сзади слегка погладили меня по правой щеке, за чем последовало: «Валер, пропусти меня». Я отошел в сторону и повернулся – Карлин подняла плоскую доску стойки бара и вышла из заточения своего рабочего места в бесконечное пространство территории клуба. Она стояла перед нами, одетая в светло-голубые рабочие штаны. Они ей были немного туговаты в ляжках, но очень шли, подчёркивая её колдовски-очаровательную улыбку больше, чем что бы то ни было.

– Комбинезон Валерия хорошо на тебе сидит, – сказал Арт с тем же выражением в глазах. Мне показалось, что в них были печаль и беспомощность.

– Я вам нужен зачем-нибудь? – я спросил его, даже не совсем понимая, зачем я это делаю.

– Нет, нет, вы, ребята, идите гуляйте, – ответил он и попросил другую барменшу подать ему двойную дозу «Хеннеси». Остаток недели мы с Карлин были неразлучны, никогда ничего не обсуждали, просто развлекались, как могли. После последнего концерта в Лондоне, вместо того чтобы попрощаться, я просто пошел в гостиницу готовиться к ежедневным переездам на Европейском континенте. Мы возвращались в Лондон через пару недель, чтобы выступить на фестивале.

Отработав «сизифовы труды» в течение двух недель, я опять попал в Лондон, в ту же гостиницу и в тот же номер. Я только бросил свой багаж и выбежал из гостиницы – дальше, дальше, по хорошо знакомым улицам к двухэтажному дому, где жила Карлин. Вот я и прибыл. Взбегаю по трём ступенькам, ведущим к открытому входу, бегу по коридору к двери в дальнем конце. Тук, тук, тук, бум, бум, бум... Полная тишина приветствовала мое возвращение. «Карлин», – позвал я и получил тот же ответ. Я стоял в полутёмном коридоре, набираясь решимости повернуться и выйти обратно на улицу. «Карлин», – услышал я свой собственный голос, нарушающий мёртвую тишину.

– Она здесь больше не живёт, – раздался чей-то голос позади меня. Это была старушка, которая жила в комнате по ту сторону душевой. Она стояла перед открытой дверью своей комнаты. – Она съехала недели две назад.

– Куда она уехала?

– Не знаю, она ничего не сказала.

– Может, она адрес оставила?

– Нет, ничего. Просто уехала.

– Уехала?

Карлин, Карлин, если бы ты только знала, как я хотел тебя видеть в тот момент! Почти так же, как играть с Артом Блэки!

В клубе тоже никто не знал, куда она уехала. С тех пор я о ней ничего не слышал. Через много лет, когда я уже был разведён и только что разошелся со своей первой послебрачной любовью, я набрал номер справочной в Ванкувере, откуда Карлин была родом, и получил три номера на ту же фамилию Эрос. Одно из имен было Карлин. К тому времени она уже могла быть растолстевшей дамой с целой кучей детей, но я всё равно хотел с ней поговорить.

– Позовите, пожалуйста, Карлин Эрос.

– Это Карли Эрос, – ответил голос в трубке, который вполне мог принадлежать той Карлин.

– Это Валерий, Валерий Пономарёв.

– Кто?

– Валерий Пономарёв, трубач из оркестра Арта Блэки и «Посланцев Джаза». Лондон. Май 77 года. Помнишь?

– Я никогда не была в Лондоне. Вы, должно быть, неправильно набрали номер.

Я набрал оставшиеся номера, достигнув того же результата, что оживило в моей памяти фразу, которую я где-то когда-то слышал. Она звучит приблизительно так: «Что было в прошлом, должно оставаться в прошлом». Пусть остаётся.

В полном соответствии с особенностями турне по Америке мы должны были добраться до Западного Побережья Соединённых Штатов, где оркестр выступал в клубе «Концерты у моря» в Лос-Анджелесе две недели, в «Кистонских полицейских» в Сан-Франциско две недели, но сначала нам предстояло играть у Джо Сигала в его клубе «Джазовое представление» в Чикаго одну неделю.

– Ты знаешь, что Уолтер не едет с нами на Западное Побережье?

– Чтоооо.....?

– Очень возможно, что Хорас Силвер будет с нами играть в Лос-Анджелесе, – Бобби поделился со мной последними новостями в аэропорту «Ла Гуардиа», где мы поджидали прибытия остальных участников оркестра. По виду Бобби было понятно, что он сам своим словам не верит.

– Уолтер не едет? Вместо него Хорас Силвер? Ты это всерьёз?

– Да, да, это очень возможно. Джим мне сказал.

– Мать честная! Получится, как двадцать пять лет назад, когда они вместе руководили оркестром. Это же будет историческая встреча гигантов. Вот это да! – мы с Бобби продолжали разговаривать, пока все остальные, за исключением Артура, собирались вокруг нас. Мы ещё немного поболтали – Артура всё нет. Одиннадцатичасовой рейс стремительно приближался, а мистера Блэки всё ещё не было и в помине. Кто-то догадался позвонить Джеку Уидемору в контору, и мы узнали, что теперь оркестр отправлялся шестичасовым рейсом. Надо было как-то убить шесть часов. Хорошо что «Ла Гуардиа» находится всего в десяти-пятнадцати минутах езды на машине от моего дома. Туда я и направился. Все остальные тоже себе нашли занятие...

Моя будущая экс-жена была на работе, так что я не стал оставлять никакой записки, а просто вернулся в аэропорт ко времени оформления багажа на шестичасовой рейс. На этот раз «Посланцы Джаза» были в полном составе и вылетели по назначению без каких бы то ни было проблем. Только в гостинице, включив последние известия, я узнал, что самолёт, который мы пропустили, разбился, все пассажиры и обслуживающий персонал погибли. Боже! Я тут же позвонил в Асторию.

– А, что?

– Я в Чикаго.

– Я знаю, что ты в Чикаго. Ты туда утром улетел.

– Да, да, ты права, – никакого смысла не было вдаваться в подробности, и так ясно было, что она ничего не знала. Если разобраться, мне и не нужно было ни о чём волноваться. Во-первых, она всё ещё совсем не говорила по-английски, а во-вторых, смотреть последние известия ей бы никогда не пришло в голову. И что я только беспокоился?!

Очень часто, но всё-таки далеко не так часто, как «Как тебе удалось убежать... и т.д.», любители джаза по всему миру задают вопрос: «Где публика лучше, в Европе, Японии или Америке?» Иногда вопрос ставится более конкретно, доходя до страны, города или даже деревни, и всегда можно увидеть едва замаскированную надежду в глазах вопрошающего, что ты скажешь: «Здесь», – где бы ты ни находился, в античной итальянской деревне или в городе, посреди нагромождения небоскрёбов. Хоть и подмывает сделать приятное именно этому любителю джаза и сказать ему то, что ему хочется услышать, но делать этого нельзя. Я бы сказал, что в Европе публика приходит на джазовый концерт, как на событие в мире искусства, принося с собой многовековую традицию посещения театров, музеев, выставок. В Японии, я бы сказал, преобладает чувство, что ты дорогой гость. Выступать перед американской аудиторией – это что-то вроде выступления с взволнованной речью перед сборищем восторженных экспертов. Но это только нюансы. В общем, публика по всему миру одинаковая – гостеприимная, щедрая, благодарная. Выступление в своей стране или в родном городе – это другое дело, но сие я осознал только через много лет как личное чувство артиста. А публика в Европе, как везде, ну может, с лёгким европейским акцентом. Я был в восторге от чикагской публики.

А теперь что? – Западное Побережье.

Это было моё первое путешествие через американский континент. На следующее утро после выступления в одном из колледжей Среднего Запада мы направились дальше на запад. План был такой: после пересечения границы штата Юта повернуть на юго-запад, мимо Лас-Вегаса дальше на запад, в направлении Лос-Анджелеса. Хоть у нас и были два больших, с кузовом, автомобиля, но они всё-таки не предоставляли нам достаточно простора. Бобби и Пем были неразлучными молодожёнами, Фази присоединилась к нам для путешествия по Америке, Джим был с Мири, с которой он познакомился в Копенгагенском «Монмартре». Мы все плюс, конечно, ударная установка, контрабас, все остальные инструменты и багаж – было тесно. Никто не обращал на это внимания, ещё чуть-чуть и мы доберёмся до «Земли Обетованной» – две недели в Лос-Анджелесе, две недели в Сан-Франциско, сиди на пляже целый день, играй с Артом Блэки каждый вечер.

– Ты поймёшь, что мы в Лас-Вегасе, едва мы туда приедем. Игральные автоматы повсюду – на бензозаправочных станциях, в туалетах. Сиди на толчке и играй. Там следят за тем, чтобы все играли в азартные игры, – вещал Арт, председательствуя собранием с водительского сиденья. Я услышал насмешку в его голосе. Ему было жалко людей, которые погрязли в бесконечных попытках разбогатеть в один день, а вместо этого выбрасывали на ветер свои последние деньги. Если бы он добавил что-нибудь вроде: «Гораздо полезнее истратить последние деньги на наши пластинки», – я бы с ним полностью согласился.

Мы ехали уже довольно долго, а это означало, что появлялась серьёзная необходимость остановки в хорошем ресторане и чем раньше, тем лучше. О да, подходило время есть, даже Арт сказал, что он не отказался бы от еды. Всё равно мы вроде как заблудились, не будучи уверены, где переехать на шоссе, ведущее на юго-запад. Так что было принято решение съехать с главной дороги. Вскоре мы увидели дорожный знак «Зелёная река», а за ним одноэтажное сооружение с надписью «Ресторан» над дверью, приглашающей заблудившихся путников зайти. Без всяких обсуждений оба водителя повернули на маленькую стоянку перед спасительным убежищем. Арт сказал, что отдохнёт в машине, и попросил Фази принести ему из ресторана тарелку с едой.

– Вон река-то, – Джим указал рукой на деревья, приглашая нас посмотреть, – я родился в этих местах. Отсюда и произошла моя фамилия. Действительно, между деревьями, на дне оврага, я увидел серебрящуюся ленту воды.

– Джим, ты у себя на родине, дома! – Он был заметно взволнован. Зайдя в ресторан, он сразу подсел к каким-то людям в дальнем конце зала и очень оживлённо стал им что-то рассказывать, наверное, про своё детство. Фази, Бобби, Пем и я устроились поудобнее за столом в одной из двух комнат ресторана, а Шнидер и остальные члены нашей экспедиции заняли стол рядом. В хорошо убранном помещении сидели за добротными столами ещё какие-то люди. В другой комнате никого не было, она была не подметена, плохо освещена и обставлена дешевой мебелью. Вид и запах хорошо приготовленной пищи на других столах щекотал вкусовые железы, превращая ожидание чуть ли не в невыносимую муку. Для хорошего обеда мы полностью созрели. Я в точности знал, что буду заказывать, – бифштекс (не очень прожаренный), картофельное пюре с чесночным соусом и парные овощи.

– Мне, пожалуйста..., – начал было я, когда официантка, на вид пышущая здоровьем молодая женщина, приблизилась к столу.

– Я не могу принять у вас заказ, пока они не выйдут из этой комнаты, – сказала она извиняющимся тоном и указала на Бобби и Пем?

– Что?

– Эта комната только для белых.

– А?

– Они должны перейти в другую комнату, если хотят поесть в этом ресторане, – сказала она с теми же извиняющимися нотами в голосе и указала в направлении другой комнаты. На этот раз я заметил там над дверью деревянную табличку с поблекшими буквами «Для цветных».

– Что? Вы это всерьёз? Я не могу сидеть с Бобби за одним столом?

– Я извиняюсь, но это правила ресторана.

Тут Фази начала что-то нервно говорить, поднимаясь из-за стола. В мгновенье тихий гул комнаты превратился в дикий крик озлобленных голосов. Я только мог разобрать слова официантки: «Я извиняюсь, это правила ресторана».

Я всё ещё сидел, как будто мне бревном по голове заехали. Гарриет Бичер-Стоу и дядя Том в своей хижине, это же было давным-давно, в шестом классе, да и описывались там времена за сто пятьдесят, двести лет до наших дней. Джесси Оуэнс своим спортивным подвигом разгромил нацистов ещё в 36 году. Сейчас мы находимся в четвёртом квартале двадцатого столетия в самой развитой стране мира. Дюк Эллингтон, Луи Армстронг – дражайшие гости во всем мире! Арт Блэки... Ой! Небеса сейчас разверзнутся!

– Валерий, поостынь, – прогудел Джим над моей головой, и я почувствовал лёгкий пинок под рёбра, – мы не хотим здесь есть. Пошли, – его слова вывели меня из ступора. Я встал и последовал за остальными к веранде на улице. Кроме нас, там была группа молодых людей.

«Мы поддерживаем вас», «мы тоже ушли», «пошли они со своей едой...», «мы бы никогда сюда не пришли, если б знали, что это за место», «мы студенты Лос-Анджелесского университета», «мы напишем в Госдепартамент», «закрыть эту лавочку», – наши новые друзья говорили все разом, – «срам какой!», «позор!»

Это всё действительно произошло. Фази, Бобби, Шнидер, все, и я в том числе, при этом присутствовали, но даже через много лет происшедшее у «Зелёной реки» воспринимается сюрреалистическим и диким кошмаром.

Мы все обнялись на дорогу, как члены одной семьи, пожелали друг другу счастливого пути, разошлись по своим машинам и разъехались.

Не только Арт сидел за рулём – нам всем предоставлялась эта привилегия. Нам очень нравилось водить машину. Мне кажется, для музыканта совершенно естественно находиться в состоянии движения, в особенности, если этот музыкант постоянно имеет дело с ритмом. Я был за рулём, когда мы пересекли границу между Ютой и Аризоной и вскоре после этого между Аризоной и Невадой. Через несколько миль я обратил внимание Артура на стрелку в индикаторе бензобака, которая вплотную приблизилась к отметке «пусто».

– Съезжай у следующей бензозаправочной станции, Валерий, давай заправимся.

Когда мы приехали на станцию, все вышли из машин размять ноги и купить чего-нибудь на дорогу. Я стоял около Артура, который ждал своей очереди платить за бензин, и наблюдал за мужиком слева от меня. Этот человек опускал четвертак за четвертаком в отверстие на поверхности странного агрегата и нажимал на нём кнопки. Агрегат был весь раскрашен в разные цвета, что-то в середине его крутилось. Он был похож на детскую игру со стальным шаром, только стоял вертикально.

— Что это он делает? — спросил я Артура, указывая на странного типа, который в последний раз нажал на рычаг и отошёл от агрегата.

— Ты никогда раньше не видел игрального аппарата? — Арт выглядел немного удивлённым, но не разочарованным.

— Нет. Это и есть игральный аппарат? Как он работает?

— А, это очень просто: опускаешь четвертак в отверстие, выбираешь картинку на панели и двигаешь этот рычаг. Теперь смотри сюда: видишь эти три картинки? Они раскрутятся на барабанах до высокой скорости и потом остановятся. Если картинка, которую ты выбрал, покажется во всех трёх окошках, то ты выиграл.

— Что я выиграл?

— Деньги.

— А сколько?

— Ну, я не знаю. Может много, может мало, а может совсем ничего.

— А куда идти деньги получать?

— Никуда не идти, машина тебе их выдаст.

— Машина мне их выдаст?

— А, Валерий, попробуй да и всё. Тогда и разберёшься. — Артуру уже поднадоела эта история, к тому же ему показалось занятным моё недостаточное доверие к американской технологии. Я достал четвертак из кармана и опустил его в отверстие, нажал кнопку напротив картинки с изображением бегущего оленя и опустил рычаг. Агрегат пришел в движение. Что-то в нём побежало быстрей и быстрей, поднимая давление в брюхе этого странного сооружения выше, и выше, и ещё выше, пока аппарат с громким шумом не разорвался, не выдержав компрессии, и не выплёснул свои внутренности в нижнее отделение. Неудержимый поток металла в форме маленьких дисков продолжал обрушиваться в нижнее отделение, некоторые из дисков даже выпали наружу.

– Что случилось? Я сломал машину? – было моей первой реакцией. Ведь придётся отвечать за последствия.

– Ты выиграл. Это всё твоё.

Я присмотрелся. Это были четвертаки.

– Так много?

– Да, да, все твоё.

Ну, если Арт Блэки говорит, что они все мои, значит, они все мои. Потребовалось много пригоршней, чтобы перевести все эти металлические диски, четыре из которых вместе взятые составляли один американский доллар, в мои карманы. Потом я взял один из них и протянул руку к отверстию. Крепкая рука Артура схватила меня за запястье.

– Вот так именно и втягиваются, – он засмеялся и потянул меня на улицу, где все уже, рассевшись по машинам, ждали нас. Мы выехали на шоссе и проехали мимо знаменитого города, как если бы это был остров, кишащий сиренами, и, конечно, Артур был Одиссеем.

– Я спас Валерия от полного и совершенного падения. Если бы я его не оттащил от этой машины, он бы пристрастился к игре. Мы бы потеряли трубача. – Арт рассказывал и пересказывал эту историю – о том, как я попал в «бычий глаз», а он «спас» меня от неминуемого падения и превращения в жалкое ничтожество на заправочной станции в пригороде Лас-Вегаса. Он приукрашивал и драматизировал свой рассказ каждый раз, при первой же возможности, в течение последующих лет, напуская на себя совершенно серьёзный вид. Ну и веселила же его эта история!

15 В. Пономарев

Последний этап путешествия Джим вёл головную машину, а я следовал за ним. Как он в самом начале выразился: «Мы едем в стиле "Караван"». В пути «Посланцы» почти всегда держались вместе. Это было правилом. На этот раз мне не нужно было беспокоиться о дорожных инструкциях, я их всё равно не знал. Моё дело было только держать дистанцию и не потерять Джима из виду. Как потом выяснилось, он тоже о них не беспокоился. Кончилось тем, что мы проехали мимо своего выезда с шоссе и потом ещё с час ехали, пока Арт не проснулся и не велел мне просигналить Джиму, чтобы тот остановился. Тут мы съехали с дороги, развернулись на сто восемьдесят градусов и ехали ещё час в обратном направлении.

В первый раз в Лос-Анджелесе мы играли в «Концертах у моря», замечательном клубе рядом с пляжем. Наша гостиница тоже была у пляжа. Когда мы наконец до неё доехали, я быстро распаковался и побежал к Тихому океану. Долго я на пляже оставаться не мог, потому что репетиция с новым пианистом начиналась через час. Я только нырнул, сделал пару взмахов и вернулся на песок.

– Ты хоть знаешь, где ты находишься? – это опять было моё второе «я».

– Да, действительно.

– Мидвей, Япония, Сахалин, Курильские Острова, Камчатка – все где-то там. Ничего себе?!

– Правда.

– Тебе надо бежать обратно в свою комнату, раздуваться и идти на репетицию.

– Так точно, ваше благородие.

Нет, Хорас Силвер не будет играть с «Посланцами Джаза» на этой неделе – его расписание этого не позволяло, но играть с нами он хотел, согласно слуху. Вместо него пришёл хрупкий на вид с добрыми чертами лица и тихим голосом молодой человек по имени Джордж Кейблс. Я был в восторге от его игры. Он выступал с нами и в Сан-Франциско. Тут, по окончании первой недели у Тада Баркена в клубе «Кистонские полицейские», мы с Денисом и ещё двумя любительницами джаза отчаянно искали чего-нибудь выпить. Поиск в Чайна-таун, где находилась наша гостиница, окончился полной неудачей. Тогда мы решили попытать счастья на улице Вальехо, где рядом с полицейским участком на углу мирно сосуществовал клуб. В четвёртом часу утра наши шансы были очень близки к нулю, но больше ничего не оставалось. Подойдя ближе, мы услышали музыку. В верхней части входной двери было узкое окошко. Я вытянулся кверху и заглянул внутрь. Тут я его и увидел за пианино на сцене. Мы с Денисом на цыпочках пробрались через входные двери, оставив вторую половину нашей компании на улице. Клуб был совершенно пуст. Джордж просто играл, не занимался или разбирал ноты, а именно был один на один с музыкой. Он играл прекрасно. Мы стояли без движения, пока Джордж не переключился на эксперименты с аккордами. Наполнить пивом два больших кувшина не представило никаких трудностей – доставить их в гостиницу было настоящим подвигом, но дело того стоило.

Европейские турне, «Рани Скотс», «Концерты у моря», «Маяк» или «Парижская комната» в Лос-Анджелесе, «Кистонские полицейские» в Сан-Франциско, «Микелс», «Виллидж Вэнгард» или «Виллидж Гейт» в Нью-Йорке, «Аллея Блюза» в Вашингтоне, «Бижу» в Филадельфии, «Медные перила» в Бостоне, турне по Японии следовали одно за другим с одинаковыми интервалами, точно как весна, лето, осень и зима, пока время не прекращало своё существование или, лучше сказать, не останавливалось без движения. Мы опять приезжали в то же место, в Европе ли или в Штатах, через полгода, или пару месяцев, или пару дней спустя, и время между приездами исчезало, как будто его и не было никогда. Ты стоишь на той же сцене, имеешь дело с тем же хозяином клуба, знакомые лица в публике. Или ты в том же городе или музее или на том же теннисном корте, и у тебя такое чувство, что ты никуда не

15*

уезжал. Через три дня после возвращения из восьминедельного турне по Европе мы с Артуром сидели в машине, должно быть, это была та знаменитая поездка в Сиракузы, на севере штата Нью-Йорк. Я его об этом и спросил:

— Арт, как вы на всё это смотрите? Прошедшее турне в
первые недели казалось нескончаемым, и вот мы уже летели в таком же самолёте, что доставил нас в Европу,
только на этот раз мы возвращались в Нью-Йорк, а время между полётами исчезло, как будто его никогда и не
было. И даже тот момент, момент полета, уже улетучил-
ся, мы в Америке, едем на концерт.

— Знаешь, Валерий, вся эта штука в целом так пройдёт,— сказал он, вглядываясь в ветровое стекло. Но за дорогой он не следил, а скорее думал о чём-то.

— Что вы имеете в виду? – я не совсем понял его ответ.

— Жизнь в целом так же улетучится.

В тот же момент я знал, что если доживу до его лет, все
равно жизнь останется одним мгновением, которое рас-
тягивалось или стояло неподвижно, сколько я себя помнил.

Когда шло первое отделение в клубе «Концерты у моря», Фрэди Хабарт, который живёт в Лос-Анджелесе,
пришел в клуб провести с нами вечер. Я его видел в первый раз после встречи в «Бумерсе». Он меня узнал.

— Теперь я вижу, что ты много изучал Клиффорда. Ты
играешь жопу на отрыв.

— Я вас тоже изучал.

— Нет, нет, Клиффорд твой человек.

Это правда, но я хотел похвалиться перед ним, что я и
его соло тоже списал множество. Потом он меня спросил
о моей диете, так просто, чтобы поддержать разговор. Я
тогда ничего о диетах не знал и ел всё подряд. Что называется, что вижу, то и ем.

На второй концерт пришёл Диззи Гиллеспи, по счаст-
ливому совпадению он тоже оказался в Лос-Анджелесе.
Арт Блэки познакомил меня с ним ещё в Вашингтоне,

когда мы только приехали в «Аллею Блюза» в первый раз. Король «Би Бопа» тогда не смог остаться, он тоже давал концерт в одно время с нами и тоже в Вашингтоне. Как я был рад, что он тогда не слышал моё выступление! В Лос-Анджелесе Диззи вылез на сцену в конце первого отделения, чтобы побыть на публике, и подурачился немного.

— Твой новый трубач играет не на шутку. Где ты таких, как он, парней берёшь? — спросил мистер Гиллеспи своего старого друга.

— Они сами приходят, — отпарировал Артур.

В последующие годы я видел Диззи Гиллеспи и говорил с ним много раз. Однажды мы столкнулись в аэропорту. Это был один из больших европейских международных аэропортов с толпами пассажиров в праздничном настроении, магазинами, закусочными. Вокруг нас сразу образовалась толпа. Я с гордостью показал ему моё новое «разрешение на возвращение», в котором было написано «без национальности». Вечно готовый выйти на сцену и развлекать публику, он взял мою белую книжечку и провел ею себе по заду, как если бы у него в руке была туалетная бумага.

— Что это за говно такое — «без национальности»?

— Мне эта бумага нужна как удостоверение личности, — сказал я, не зная, смеяться или встать на защиту своего документа, который мне с таким трудом достался.

— Он думал, что графа «без национальности» для тебя оскорбительна и решил тебя поддержать, — пояснил мне потом Арт. Мне вообще-то было безразлично, что написано в бумаге, только бы она давала мне право пересекать границы без проблем. Потом я показал мистеру Гиллеспи свое изобретение — трубные клапаны, которые Коля Романенко отпилил для меня от старой и в остальном негодной трубы. К ним я прикрепил трубку диаметром в три сантиметра. Я возил это устройство с собой на гастроли для тренировки пальцев и дыхания. Гиллеспи оно очень понравилось.

— Очень хитроумно, – сказал он, – сюда ты дуешь и нажимаешь клапаны. Очень хорошо.

Когда через пару лет вышла его книга «Быть или не Боп» (To be or not to Bop), в моём экземпляре он написал: «Валерию, моему любимцу. «Твой главный человек» Диззи Гиллеспи».

Во второй раз в Лос-Анджелесе мы выступали в «Парижской комнате». Когда первое отделение закончилось, я сошёл со сцены, возвышавшейся над полом всего на сантиметров тридцать, и сделал несколько шагов сквозь плотную толпу посетителей, вдруг у меня на пути встала дама ангельской красоты. Она была немного выше меня, стройная и очень элегантно одетая.

— Ты играл замечательно. Клиффорд Браун, должно быть, твой самый любимый трубач.

— О да, безоговорочно, – я был польщён тем, что такая элегантная леди охарактеризовала мою игру так точно и оценила так высоко.

— Я не совсем расслышала твоё имя. Как будет правильно сказать?

Я представился, и она заставила меня повторить моё имя несколько раз, пока не научилась произносить его правильно.

— С кем имею честь? – я попытался выглядеть так же элегантно, как и леди, и был готов произнести её имя несколько раз, если будет необходимо, чтобы выговорить его точно.

— Лару Браун.

— Простите.

— Ты не ослышался.

— Вы жена Клиффорда Брауна?

— Да.

Я очень хорошо знал их печальную историю. Безвременная гибель моего героя заставила меня задумываться: «Почему это такие блестящие гении очень часто умирают молодыми?». Пушкин, Лермонтов, Моцарт, – ещё можно перечислять – Клиффорд Браун, Чарли Паркер, Джон Колтрэйн, Ли Морган... Что это? Может, Бог их отзывает обратно, потому что они слишком хороши для этого мира. А что если они сами, совершенства, не хотят приспосабливаться к нашему несовершенному миру и находят путь вырваться из него, оставляя нас в одиночестве, чтобы мы полагались на самих себя? Кто знает?

Я рассказал ей, как музыка её мужа вдохновила меня стать джазовым музыкантом. Как я учился и занимался, как я убежал из Советского Союза. Тут звук ведущей тарелки заставил меня вернуться на сцену.

– Я приду завтра с его сестрой. Она оперная певица.

– Вы это серьёзно?

– Конечно серьёзно, она тоже будет очень рада с тобой познакомиться.

На следующий день оба перерыва между отделениями я провёл с семьёй Клиффорда Брауна. Перед тем как уехать домой, вдова Брауна попросила меня передать всему оркестру, что мы приглашены завтра к ней в дом на обед. Это повторялось каждый раз, когда «Посланцы Джаза» приезжали в Лос-Анджелес. На следующий день, пока ростбиф хорошел в печи, я катал племянника Лару на его велосипеде по соседним улицам очень приличного района, пока не пришло время садиться за стол. Никогда в жизни я не ел такого вкусного ростбифа.

В Сан-Франциско мы устроили прослушивание пианистов. Там мы и познакомились с нашим новым братом по «Посланцам Джаза» Джеймсом Уильямсом. Он написал пару тем к нашей следующей пластинке и через два-три года записал не одну, а две пластинки «Супер Трио» с тандемом Элвин Джонс – Рэй Браун (!!!) на одной и Рэй Браун – Арт Блэки (!!!!!) на другой. Вот это да!

На год с лишним в оркестр вернулся великий Куртис Фулер. В прошлом было много случаев, когда музыканты уходили и возвращались в оркестр. Куртис принадлежал к временам, когда «Посланцы Джаза» в составе Фрэди Хабарт, Уэйн Шортер, Куртис Фулер, Седар Уолтон, Реджи Уоркман бесспорно царствовали в мире джаза. Какой это был оркестр! Вдохновение, владение инструментами, репертуар, духовая группа, ритмическая группа – не превзойдены по сей день. Прямая связь поколений «Посланцев» была налицо. Куртис сразу принял нас за членов семьи. Мы с Бобби относились к нему скорее как к дорогому дяде, ну, может, как к старшему брату, а Куртис общался с нами, как будто мы ему были равны.

Начал он играть с нашим изданием оркестра в «Бижу», в Филадельфии, может, чуть раньше. Там мы выступали через отделение с трио Била Эванса. Вообразить невозможно! В Москве все с ума сходили по его игре. Один малый, по имени Вагиф Сеидов, утверждал, что он переписывался с Билом Эвансом через его мать, которая переводила письма. Мы знали, конечно, что Бил Эванс русский по происхождению, но получать письма с Запада, в особенности из Америки? Куда же КГБ смотрело? Нет, это уж слишком. Никто эти Вагифовы россказни всерьёз не принимал. Я был у него дома много раз, но никаких писем не видел, только думал про себя с иронией: «Да, да, конечно, ты переписываешься с самим Билом Эвансом».

В «Бижу» КГБ не было. Я мог слушать его трио через отделение всю ту неделю и даже говорить с ним. Репертуар у трио был замечательный и состоял из собственных произведений и стандартов. Они его исполняли так, как только могло сыграть трио Била Эванса. Номер, который мне нравился больше всех, называется «Нардис». Очень «джазовая» тема, особенно, если рассматривать джаз с его элегантной стороны. После первого отделения я поднимался по лестнице в нашу артистическую уборную и чуть не столкнулся с Билом Эвансом, который из неё выходил. Он был намного меня выше, сдержанный.

– Привет, Валерий. Рад с тобой познакомиться. Мне очень понравилось, как ты играешь. Ты из какого города?

– Из Москвы.

– Ты не знаешь такого Вагифа Сеидова?

– Конечно, знаю. Даже очень хорошо знаю.

– Я раньше с ним переписывался. Моя мать русская, она мне переводила его письма. Ответное письмо я писал по-английски, а мать переводила на русский.

– Я слышал об этой переписке, но никогда не верил, что это правда. Я думал, это ложный слух.

– Нет, нет, это правда. Как ты научился в России так играть джаз? (В своей автобиографии Бил Эванс очень хорошо обо мне отзывается.)

Как вам это нравится?

Первый концерт приходился на 19 января. Я помню дату очень хорошо, потому что 20 января мой день рожденья. Филадельфия была настолько близко от Нью-Йорка, что у меня и в мыслях не было поселяться в гостинице. В то время я ездил на спортивного вида японской машине под названием «Монза 2+2». Вид у неё был довольно элегантный, но на самом деле это была простая, малогабаритная машина.

– Валер, ты сегодня обратно едешь? – это был Шнидер, – можно я с тобой поеду?

– Конечно.

– Так, да? Я тоже поеду.

– И я тоже.

Конечно, Куртис и Денис были желанными попутчиками. Таким образом, количество пассажиров дошло до невысокой цифры четыре.

– Валера, сегодня обещали сильный снегопад, – услышал я чьё-то предупреждение, когда прощался на кухне с одной из официанток. Мне удобнее было пройти к машине через кухню.

– Уже падает, – прибавил ещё чей-то голос.

Я вышел на улицу. Действительно, здоровых размеров снежные хлопья падали с чёрных небес.

– Валера, ты уверен, что стоит ехать? Говорят, будет

сильная метель, – это была та же официантка. Всё ещё в форменной майке и переднике, она выскочила из тёплой кухни во двор посмотреть на снег. Мои попутчики высыпали за ней без промедления.

Я всегда любил снег и не мог понять, о чём она беспокоилась. Ну хорошо, приличных размеров снежинки размеренно и медленно падали на землю. Ну и что? За годы, предшествующие той зиме, я ни разу не видел значительного скопления снега в Нью-Йорке. Так, немного в январе-феврале, а потом опять возвращалась тёплая погода. В Москве – это другое дело. Снег очень часто не сходил с ноября и оставался в больших грудах по сторонам Московских улиц обычно до конца марта. Только тогда начинался медленный процесс оттаивания, который заканчивался, по расписанию, в начале апреля, иногда позже. Я никогда не видел, чтобы даже сильные снежные бури очень изменяли движение транспорта по Москве. Как только симпатичные звёздочки скапливались на асфальте, большие грузовики выкатывали на улицы и раздвигали их в стороны, превращая слякоть и свежий снег в миниатюрные горные хребты. Когда эти хребты слишком разрастались, их погружали в открытые грузовики и увозили за пределы города. Жизнь продолжалась как ни в чём не бывало.

– Что за событие такое? – никак не мог я понять, – мы не в глухой деревне. Мы собираемся ехать по современной трассе из одного крупного города в другой.

Моя уверенность рассеяла сомнения, если они у кого и были, в успешном завершении нашей миссии и укрепила во всех решимость ехать домой. В гостях хорошо, а дома лучше. Да и за гостиницу платить не надо. Откуда мне было знать, что величайший в мире финансовый центр не имел средств на снегоуборочные машины, потому что сильные снегопады в Нью-Йорке дело редкое и платить за машины и стоянку просто невыгодно. Мы отправились, четыре наивных придурка, навстречу своему року. К тому времени, когда мы приблизились к въезду на трассу, снег уже здорово мешал свободному вращению четырёх колёс моей «Монзы 2+2». Но и тут я не уловил никаких намёков Госпожи Природы. «Это мы ехали по всяким закоулкам, а уж трасса точно будет расчищена. Точно, точно», – крутились мои мысли, не встречая никаких возражений, приблизительно в таком направлении. Никто не предложил никакой другой оценки обстановки. Я подкатил к турникету, взял квитанцию на проезд и въехал на 95-е шоссе, Север. Пробивая дорогу в грудах снега, по нему двигались несколько грузовиков, а по их следам пара легковых машин. Главная пятилинейная артерия между Нью-Йорком и Филадельфией была сведена к двум линиям, по которым двигались, со скоростью гораздо меньшей, чем дозволенный максимум в 55 миль в час, два потока. «Ну и ладно, – высчитывал я в уме, – приедем на час позже». Теперь уже белое вещество сыпалось стеной в лучших традициях русской зимы. Дворники на ветровом стекле неустанно работали на полную мощность. Мы были в самом центре настоящей метели, такой, какую описал Александр Сергеевич Пушкин в своей бессмертной «Капитанской дочке». Эта мысль придала мне ещё больше уверенности. Если Гринёв с Савельичем двести лет назад могли на одной лошади в санях доехать до пристанища в Сибирской глуши, то я-то точно доеду по современной трассе на машине с мотором в сто лошадиных сил.

Мы действительно доехали. У нас ушло 12 (!) часов на то только, чтобы подъехать к Нью-Йорку. С тех пор каждый раз, когда я вижу Куртиса, он напоминает мне об этой поездке. Если с нами есть ещё кто-нибудь, он обязательно будет развлекать присутствующих, пересказывая эту историю в мельчайших деталях. В особенности ему нравится та часть, когда наша «Монза» скатилась с дороги, но ещё твёрдо стояла на всех четырёх колёсах. Я вылез из машины в поисках помощи. Сквозь ветер и груды девственного снега я забрался на дорогу и пробрался к будке, в которой обычно сидит смотритель, собирающий оплату за проезд. Всё вокруг застыло на широком поле, покрытом белым покрывалом, которое становилось всё толще и толще. Только изредка грузовик с четырёхколёсным управлением медленно пропыхтит мимо. Малогабаритные и средних габаритов холмы под белым покрывалом означали, что в этом месте под снегом находились автомобили. Ещё только вчера здесь проходила современная, в пять линий, магистраль, пока Мать Природа не решила напомнить людям, кто здесь настоящий хозяин. Теперь вчера еще блестящая и шикарная дорога не очень-то отличалась от волчьей тропинки в Сибирской глуши.

– Я добрался до будки и обратился за помощью, – рассказал я своим товарищам по бедствию, вернувшись в машину не солоно хлебавши.

– Ну и что тебе сказали?

– Смотритель сказал: «С вас доллар пятьдесят за проезд».

Куртис расхохотался. Он всё еще продолжал хохотать, когда он, Денис и я вылезли из машины под снег и ветер, приняв коллективное решение вытолкать нашу единственную надежду из кювета. Только Шнидер не сдвинулся с места.

– Дэвид, вылезай из машины, – скомандовал я голосом маршала Жукова, как будто руководил парадом на Красной Площади. Никто не рассчитывал на значительную физическую помощь от худосочного Дэвида, но он мог бы внести посильную помощь, сократив вес груза. Втроём мы вытолкали «Монзу» обратно на шоссе и со скоростью 10-15 миль в час достигли Нью-Йорка. Моя машина оказалась надёжным средством передвижения. Многие автомобили испустили дух посреди дороги.

Манхэттен превратился в огромный бассейн слякоти и гор снега, но ехать можно было. Итак, я развёз всех по домам и направился к мосту в «Квинс» на 59-й улице. На той стороне 31-я улица – прямая дорога в Асторию – была за-

бита снегом так, что я был вынужден повернуть на Север-
ный Бульвар. Тут, проехав ещё метров сто, моя героическая «Монза 2+2» застряла. Уже наступил день. Куда ни
глянешь, везде был снег. Он больше не сыпал с небес, но
тот, что лежал на земле, слепил глаза и наводил жуть своей белизной. Там и сям видны были поломанные машины,
некоторые брошены под снегом, некоторые с пассажира-
ми внутри, некоторые стояли с открытыми дверцами, а
хозяева счищали с них снег.

Неужели и мне придется оставить машину? Достаточно с меня испытаний или нет? Нет, с меня хватит. Нельзя
же вечно сидеть здесь, – раздумывал я, когда лёгкий стук
в окно заставил меня вздрогнуть. Я опустил стекло. Мне
представилось круглое лицо с розовыми щеками.

– Хотите, я вам покажу, как сдвинуть машину с места
и поехать вперёд? Я уже помог нескольким людям, –
спросило меня круглое лицо.

– О да, конечно, пожалуйста.

– Надо переключить управление вперёд-назад несколько раз и машина пойдёт.

– Я уже так пробовал.

– Недостаточно быстро. Это нагрузка на коробку передач, но зато выберешься отсюда.

Я применил рецепт несколько раз, и моя машина-герой
опять двинулась вперёд.

– У меня получилось, получилось, – орал я в открытое
окно, захлёбываясь от восторга.

– Если машина остановится, попробуй опять.

– Обязательно. Спасибо, спасибо, – продолжал я орать
в раскрытое окно, но безымянный посланец доброй воли
меня не слышал. Я видел через заднее зеркало, как он двинулся к другой машине и нагнулся над окном со стороны
водителя.

«Благослови его Господь», – сказало моё второе «я»,
используя фразу, которой мы оба научились от моей матери.

Мы всё-таки остановились ещё пару раз, но каждый раз мой компаньон блестяще реагировал на команду вперёд-назад.

Последний покой в тот день моя машина получила, когда мы подъехали к въезду в мой гараж. Тут, задними колёсами на проезжей части дороги, а передними на пешеходной дорожке, она испустила последний дух. Снег высотой в два-три метра забил всё пространство от дороги до гаража. Это было уже слишком даже для моего автомобиля. Многие машины застряли в снегу прямо посреди дороги, так что моя была даже не в худшем положении.

– Не волнуйся, Валера. Все правила парковки отменили на неопределённое время, – это был мой сосед и приятель Юра Грабович.

– Мне уже нужно обратно в Филадельфию. Я там пробуду до конца недели.

– Ну и поезжай. Я заведу твою машину в гараж, если мы разгребём снег до твоего приезда.

– Спасибо. Очень тебе благодарен, – я отдал Юре ключи и побежал домой. Все запланированные празднества пришлось отменить, потому что часы на стене, когда я вошёл, показывали ровно 3 пополудни. Чтобы вовремя начать представление в «Бижу», мы должны были попасть на следующий поезд, который уходил с Пенсильванского вокзала через час с минутами. Душ – переодеться – бутерброд – беги. Метро работало по обычному расписанию, как будто ничего не произошло, и доставило меня на вокзал без задержки. Дэвид уже был в условленном месте, потом Денис с Куртисом объявились.

– Что тебе этот билетёр сказал-то? Плати за проезд доллар пятьдесят? – мы все расхохотались и пошли к соответствующей платформе.

На сцене в «Бижу» я был озабочен. Вышел, не раздувшись, не говоря уже о занятиях или о сне, необходимом для моего амбушюра, – было о чём беспокоиться. Арт нам говорил много раз: «Публика тебя сначала видит, а только потом слышит», – это означало, что на сцене музыкант должен быть прилично одет, прилично себя вести и, прежде всего, никогда не выглядеть недовольным. Да, да, я всё это хорошо знал, но не мог ничего с собой поделать.

Тут хриплый голос Артура встряхнул меня:

– Ты что, недоволен что родился? Играй жопу на отрыв.

Я и задул. К моему собственному удивлению, амбушюр работал довольно прилично, делая скидку на обстоятельства, конечно. Слава!

При всей этой славе путешествие из Филадельфии в Нью-Йорк 20 января 1978 года было не самым волнующим. Самым запоминающимся, пожалуй, было путешествие из Нью-Йорка в Сиракузы, на севере штата Нью-Йорк, через три дня после возвращения из нашего первого восьминедельного турне по Европе.

Арт запаздывал, поэтому Джим и все остальные, с инструментами, отправились по назначению. Джиму всё равно надо было раньше приехать, расставить барабаны. Я должен был ехать с Артуром в его новом Кадиллаке позже. Концерт происходил в Университете города Сиракузы, в семи часах езды от Нью-Йорка. Я сидел в маленьком вестибюле гостиницы «Камелот» на углу 45-й улицы и 8-й авеню, где у Арта Блэки была квартира, и высчитывал: «Если мы сейчас отправимся, то будем на месте в семь. Подходит, концерт начнётся в восемь». Я ждал и ждал, но мистера Блэки не было. Я уже прослушал двенадцатичасовые последние известия и их повтор в час дня, потом последние известия в два часа, а Арта Блэки всё не было. Я уже стал подумывать, что понадобится звонок в офис к Джеку Уидемору, когда услышал, как что-то снаружи ударилось об дверь-вертушку и сильно её сотрясло. Потом дверь пришла в движение и сделала поворот на 180 градусов, запуская в вестибюль тело моего роста с седой головой.

-Эээээ..тааааа........ наш...ттттрууу....бач, – сказал Арт швейцару, которому он меня уже представлял раньше. –

Он мооо...жет жжжооо...пу свою играть на отрыв, – прибавил мой босс свои обычные похвалы, произнося знакомую фразу так, что её с трудом можно было узнать.

– Вааалерий, ппподожжжди ззззздесь. Я сее...йчччас вернусь.

Арт Блэки был очень сильным человеком и мог подолгу обходиться без всяких стимуляторов, опровергая закон привыкания организма к наркотикам, но иногда наступали моменты, когда джаз и наркотики были неразлучны и беспощадно затягивали его в свои когти. В день поездки в Сиракузы эти моменты обернулись к нам своим самым отвратительным рылом. Великий человек был совершенно не в себе. Он прошёл-таки сам к лифту, но с интервалами. Пройдёт несколько шагов и остановится, согнёт ноги в коленях, голова упадёт на грудь, сильные руки повиснут беспомощно вдоль тела, потом выпрямится и пройдёт ещё несколько шагов. Я пытался ему помочь.

– Валерий, подожди меня здесь, – сказал он совершенно отчётливо на этот раз и исчез за дверями лифта. В России я видел много пьяных, но это было другое дело.

К моему удивлению, он вернулся очень скоро и, спотыкаясь, направился к двери, я за ним. Мы оба застряли в одной четвертушке вращающейся двери и выскочили на другую сторону с небольшим зарядом энергии. На улице я его обхватил правой рукой, как когда-то обхватывал пьяного Гогу, которому приходилось очень часто помогать перемещаться из одной точки в другую, и мы двинулись через дорогу к гаражу. Посередине проезжей части Арт попытался остановиться и опять согнуть колени, но энергия, с которой нас обоих выпустила дверь, помогла мне перевести его на другую сторону. В гараже он освободился от меня и сам прошёл пару шагов к окошку кассира. Тут он опять уронил на грудь голову и согнул колени. Едва действующими руками он пошарил в поисках чего-то в карманах брюк и представил квитанцию в одной и комок долларов в другой. Он позволил кассиру выбрать из комка доллары соответствующего достоинства и повернулся ко мне. В этот момент сияющий новизной красавец Кадиллак выкатился откуда ни возьмись и остановился между нами. Дверь со стороны водителя открылась, и из неё выбрался один из смотрителей гаража. Я обошёл вокруг машины и взял ключи из протянутой руки. Только я собрался поудобнее устроиться за рулём, как услышал голос Артура:

– Я веду машину.

– Арт!

– Это моя машина. Я её веду.

Я пытался его образумить. Главный администратор гаража пытался его образумить, но всё было бесполезно. Арт безнадёжно застрял в другом измерении, которое заслонило его как невидимый щит. Что бы я ни говорил, всё отскакивало от этого щита, который блокировал любую здравую мысль, не допуская проникновения искры разума в его сознание. Как маленький ребёнок, он не хотел поделиться своей игрушкой.

– Это мой Кадиллак, я хочу им править.

Я выбрался из машины, опять обошёл её вокруг, влез на пассажирское сиденье и пристегнулся ремнями. Администратор и сотрудники гаража тоже сдались. «Вы, ребята, в руках Всевышнего, чему быть, того не миновать», – читал я на их лицах. Если бы мы были в Германии, они бы позвонили в полицию, если бы мы были детьми, они бы позвонили нашим родителям. Но что тут поделаешь? Что будет, то и будет.

Мы выкатили из гаража и повернули налево. Как мы добрались до шоссе номер 87 Север, я даже и не знаю. Арт закрывал глаза, потом их открывал, терял сознание несколько раз, но каждый раз, когда я его спрашивал: «Хотите, я поведу машину? С вами всё в порядке?», – он отвечал: «Я счастлив, как на выпускном балу». Мы выделывали эффектные зигзаги, пересекая по две-три линии напра-

16 В. Пономарев

во и налево, набирали скорость и замедляли до 20 миль в час, это на скоростной-то трассе. Какофония автомобильных гудков и проклятий водителей вокруг нас, должно быть, была ужасной. Я её слышал, но она мне не действовала на нервы, как будто меня тоже заслонял какой-то экран. Я был совершенно спокоен, только думал о том, что если пришел мой час, то во всяком случае я уйду из этого мира в одной машине с Артом Блэки.

– Как вы себя чувствуете? – спросил я его в который уже раз, не рассчитывая на ответ, а просто, чтобы он опять не отключился. В ответ машину резко бросило вправо. Мы пересекли все линии и поехали по обочине. Какофония вокруг нас достигла своего апогея и тут, к моему величайшему удивлению, Кадиллак остановился.

– Валерий, веди машину, – объявил Арт, вылез из-за руля и забрался на заднее сиденье.

Я не имел ни малейшего представления, как ехать в Сиракузы. По мне, они могли хоть во Флориде находиться.

– Арт, куда мы едем?
– Прямо, увидишь 90-ю дорогу, поворачивай налево.
– А когда с неё съезжать?
– Я тебе скажу.
– Когда концерт начинается?
– Как только приедем, не позже, – сказав это, Арт растянулся на заднем сиденье и заснул, как ребёнок в колыбели.

Я ехал и ехал мимо многих выездов, не зная, нужно ли сменить трассу или переехать на другую дорогу. Каждый раз, когда бесцельная езда переходила в невыносимое предчувствие беды, я будил моего босса словами: «Арт, куда ехать?», – а он отчётливо отвечал сквозь сон: «Прямо». Так продолжалось очень долго, и я оставил идею разбудить его, передав наши судьбы в руки провидения. Арт не издавал никаких звуков за исключением здорового храпа в течение продолжительного времени. Вдруг он сел прямо на своём сиденье и обычным голосом ясно сказал: «Здесь поверни налево». Я повернул. Почти сразу передо мной вырос стенд с надписью «Университет города Сиракузы». Прошло ещё несколько минут, и мы уже входили в амфитеатр Университета. Зал был переполнен. На сцене «Посланцы Джаза», минус ударные и труба, выводили какие-то мелодии. Когда мы вышли на сцену, зал разразился громом аплодисментов, потрясших здание до основания, музыка замолкла. Арт сел за барабаны, проверил установку и опять поднялся. Я только успел спросить Дэвида:

– Как же вы начали без нас?

Он ответил:

– Ждать пришлось слишком долго, мы вынуждены были начать. Арт хотел, чтобы мы начинали. Я это знаю по прошлому.

Между тем Арт Блэки подошёл к микрофону и начал свои обычные приветствия публики:

– Уважаемые дамы и господа..., – шёл одиннадцатый час, – ...извините за опоздание. В наши правила совсем не входит опаздывать. Это всё из-за Валерия.

Публика разразилась смехом. Я был потрясён, настолько это смешно получилось. Арт и не думал говорить всерьёз. Улыбаясь, он дал залу понять, что это была шутка. Всё ещё с улыбкой на лице он вернулся к барабанам и начал играть вступление к «Вещественным доказательствам», теме Т.Монка, которую мы отрепетировали незадолго до этого.

– Валерий солирует первым.

Раздулся – не раздулся, не имело больше никакого значения. Мы были на сцене. Мы играли. Время остановилось. В раю не может быть времени.

Да, время остановило своё движение. Только биологические часы в организме моей будущей экс-жены тикали всё громче и громче. Этот вопрос ставился всё чаще и чаще. Игнорировать его стало невозможно, когда мы достигли пункта, после которого возврата не было. Я не был готов к увеличению семьи, но считал, что будет жестоко с моей стороны лишать материнства женщину, которая из-за меня оставила родину, родителей, друзей, любимый город, изменила образ жизни и последовала за мной в совершенно чуждую для себя землю. Ну, деваться некуда, мужчина должен поступать, как полагается мужчине.

В положенный срок наш доктор Исак Вайнберг, которого я звал Изюм, поставил нас в известность о том, что дитя уже в пути. Через некоторое время, после одного из осмотров, он позвал нас обоих к себе в кабинет и деловито объяснил, что беременность будет проходить тяжело. Мы оба должны соблюдать чрезвычайную осторожность, никаких лишних движений и т.д. Это никого не удивило, трудности уже начались. Будущей матери требовались постоянное внимание и помощь. Не владея английским языком, в случае срочной необходимости – при моём постоянном отсутствии, одна – она бы столкнулась с серьёзными трудностями. Приходилось отказываться от гастролей. Если бы что-нибудь случилось с матерью или, Боже упаси, с ещё не родившимся ребёнком, пока я где-то вдали от дома играл на сцене в своё удовольствие, я бы винил себя до конца своей жизни. Пришлось бы забыть тогда об исполнении музыки. В моей душе ничего не осталось бы для выражения, кроме чувства вины и несчастья. Я вынужден был найти себе замену и поговорить с Артуром.

Его фраза: «Они сами приходят», – всё время крутилась у меня в голове, но никто уже давно не приходил, во всяком случае, никто серьёзный. Я должен был найти замену, достойную «Посланцев Джаза».

Мы были в Нью-Йорке между гастролями, что означало выступление в одном из трёх клубов – «Виллидж Вэнгарт», «Виллидж Гейт» или «Микелс». В тот раз мы играли в «Микелс». Клуб, как обычно, был забит до отказа. В перерыве ко мне подошёл Джеймс Уильямс.

– Валер, я хочу тебя познакомить с молодым трубачом из Нового Орлеана. Он из музыкальной семьи. Ты когда-нибудь слышал такое имя Элес Марселес?

– Конечно, пианист.

– Да, это его сын.

Мы с Джеймсом подошли к столику напротив правого угла сцены.

– Познакомься с Валерием Пономарёвым, – обратился Джеймс к молодому человеку за столиком, который поднялся и протянул руку.

– Уинтон Марселес.

– Рад с тобой познакомиться.

– Присаживайся.

Я сел за стол и сразу пошёл разговор о трубе. Уинтон очень много знал об инструменте и с уверенностью о нём говорил. Я спросил, сколько ему лет.

– Восемнадцать, – ответил он, – я приехал в Нью-Йорк поступать в Джульярдскую Музыкальную Школу, а пока нашёл себе кое-какую работу в Бродвейских Шоу. Пару раз я играл партию первой трубы в одном из шоу.

Играть партию первой трубы в Бродвейском Шоу, столько знать о трубе и классическом репертуаре в восемнадцать лет! Это было удивительно. Он меня заинтриговал.

– А ты джаз играешь?

– Немного, да в общем-то нет. Я не хочу быть джазовым музыкантом. Я хочу быть классическим музыкантом. Чтобы ко мне было соответствующее отношение. Хочу хорошо одеваться, летать первым классом.

Моё любопытство ещё больше возросло. Если он так говорит, как же он играет?

– Хочешь с нами что-нибудь сыграть, присоединяйся.

– Нет, нет, в Нью-Йорке так не полагается.

– Как раз наоборот, в Нью-Йорке-то и полагается. Я тебя сейчас познакомлю с Артом Блэки. Пойдём.

Я подвёл своего загадочного молодого друга к сцене, где Арт с кем-то разговаривал.

– Арт, познакомься с этим молодым человеком. Он прекрасный трубач. Можно ему с нами поиграть?

– Да, в последнем отделении.

Уже шло последнее отделение. Арт объявил «Вот пришла Бетти», одну из самых красивых во всём джазовом репертуаре тем с немного необычными формой и аккордами к ней. Если их не знать, то импровизировать по слуху не большое удовольствие. Я уступил место Уинтону и расположился около сцены, наблюдая за ним с близкого расстояния. Тему он не знал и пропускал аккорды направо и налево, но одно было совершенно очевидно – трубой он владел. У него был чистый и красивый звук, прекрасная артикуляция, что выдавало очень хорошее обучение. Его осанка, постановка амбушюра, всё было верхом совершенства – идеальный образ трубача. Он продолжал искать и находить правильные ноты, но когда аккорд уже завершался. В такой теме предугадать аккорд, если ты его уже не знаешь за такт вперёд, невозможно. Я видел, что гармоническая сетка тянула его назад, и это разжигало ещё больше моё любопытство: хотелось услышать юношу из Нового Орлеана в теме по его собственному выбору. После «Бетти» Арт заиграл вступление к «Маршу-Блюзу» («Blues March»). «Теперь-то он должен сыграть», – пролетело у меня в голове, пока я перемещался в середину клуба.

Ну и сюрприз меня ждал! Так играть в восемнадцать лет! Звук во всех регистрах! Техника! Артикуляция! Нижний регистр! Верхний регистр! Стаккато! Легато! Я был в шоке. «Так владеть инструментом!», «А ведь он еще мальчишка!», «Ему только восемнадцать!», «Это феноменально!» – сверкало у меня в сознании. Почему он сказал, что не хочет играть джаз? Он прекрасно чувствует блюз. Его джазовый словарь ограничен, это очевидно. Так что с этого? Он его быстро наберёт. Лучшей обстановки, чем в «Посланцах Джаза», для этого нет. Если он достаточно пробудет в оркестре, то сможет встать на один пьедестал с кем угодно. Господи помилуй! А что если это новый Луи Армстронг? Что если это новый Клиффорд Браун? Что если я приехал из России, чтобы присутствовать при прибытии нового Джазового Мессии.

Выучит он гармонию или нет, наберёт он джазового словаря или нет, замену я себе нашёл. Это уж точно.

Осторожно с мечтами

Ещё одну фразу я слышу так же часто, как вопросы «Как ты попал в оркестр Арта Блэки?» и т.д., а именно: «Твоя мечта сбылась». Да, это правда. Я не поставил эту фразу вместе с эпиграфами только потому, что это не вопрос, на который мне нужно ответить. Это просто факт, действительность. Моя мечта сбылась.

С тех пор как я впервые услышал пластинку Арта Блэки и «Посланцев Джаза» «Стонущий», я каким-то образом всегда знал, что буду в этом оркестре играть, что там моё место, что это моя музыка. Что-то во мне уже тогда было, что томилось ожиданием именно этой музыки – величественной, победоносной, благословенной, трагической, счастливой, гордой, благородной, полной восторга, микроскопически точной в звуке, ритме, строе и ансамбле, красоте аранжировок, логичности соло, преподнесённых со сногсшибательной виртуозностью, – никто так правду не говорил, как «Посланцы Джаза».

В первое время, когда я только познакомился с джазовой музыкой, я часто ходил в гости к моим взрослым друзьям супругам Регине и Володе Быковым. Они были очень эффектной парой, красивые, всегда элегантно одетые, насколько позволяли обстоятельства, хорошо образованные (Регина закончила Московский институт иностранных языков по факультету английского языка, а Володя – Архитектурный). Володя иногда носил шелковую повязку на шее, что придавало ему вид иностранной звезды киноэкрана. Оба любили джаз. Володя даже очень неплохо играл на тенор-саксофоне, а Регина пела американские стандарты на английском языке с русским очарованием. Они были очень гостеприимные люди, и я повадился часами слушать у них джаз на их магнитофоне. Как-то перед уходом домой я им заявил: «Я буду играть в оркестре «Арт Блэки и Посланцы Джаза».

Через много лет, уже в Нью-Йорке, Регина мне рассказала:

— Когда ты ушёл в тот день, мы с Володей очень расстроились из-за тебя. Для нас было совершенно очевидно, что у тебя крыша поехала. Мы так и решили: мальчишка свихнулся. Можешь себе представить, как я была поражена, когда в 77 году услышала по Голосу Америки объявление Уилиса Кановера: «Новый трубач в оркестре «Арт Блэки и Посланцы Джаза» бывший москвич Валерий Пономарёв». Мои мысли сразу понеслись назад, в начало шестидесятых годов, когда ты к нам приходил получать свои первые порции джаза. Твоя мечта сбылась.

После переезда в Соединённые Штаты Регина написала замечательный рассказ об этом происшествии, который был опубликован в одной из газет на Западном Побережье.

Я всё ещё живу своей мечтой: выступаю и записываюсь по всей планете, записываю свои собственные диски с лучшими в мире музыкантами, получаю оценки в пять звёзд из пяти и четыре из четырёх за свои записи в самых авторитетных энциклопедиях по джазу, знакомлюсь с новыми людьми и наслаждаюсь своей «джазовой» жизнью. Я совершенно убеждён, что если бы я не мечтал обо всём этом, то ничего бы и не было.

Мечтайте, мечтайте, дорогой читатель, но будьте осторожны – мечтайте только о том, чего вы по-настоящему хотите, к чему у вас по-настоящему душа лежит. А знаете почему? Готовы к ответу? Потому, что мечты сбываются.

Теперь по работе Регина много разъезжает по Соединённым Штатам, но когда возвращается в Нью-Йорк, всегда звонит узнать, где я играю.

Лет десять назад моя подруга тех лет и я «удочерили» Регину, поскольку она ходила с нами на все мои концерты. Мы её так и звали: «наша дочка», несмотря на то что я на несколько лет моложе Регины, а она, в свою очередь, «серьёзно» старше моей в те времена «будущей лучшей половины». Нам эта шутка очень нравилась, и мы чувствовали себя как одна счастливая «семья». Это было уже больше, чем десять лет назад. В прошедшую субботу в «Стране птиц» (Чарли Паркер называл этот клуб перекрёстком всемирного джаза), где я выступал со своим оркестром, во время перерыва я попытался познакомить Регину с её джазовой «мамой» современного периода, правда, будущая «дочь» была ещё старше новой «мамы», чем первой. Регине это явно не понравилось, и она очень строго мне заявила:

– У меня только одна мама.

Мне стало очень неудобно. Каким же бесчувственным человеком я был все эти годы, никогда даже не спрашивал у Регины про её настоящую мать, с которой я не знаком. Надо было извиняться. Регина отмахнулась от меня и потянулась к своей сумочке.

– Вот моя мама, – сказала она с гордостью и предъявила фотографию.

Меня обуял неудержимый смех. Я сразу узнал эту фотографию. Я даже помню, как делал снимок лет десять назад в клубе «Занзибар», который тогда находился на 3-й авеню вблизи 36-й улицы. На фотографии стояли две красавицы в обнимку, «мать» и «дочка», и заливались смехом. Только они могли так смеяться.

После перерыва я вернулся на сцену, чтобы начать заключительное отделение. Оркестр играл прекрасно. Я был на сцене лучшего в мире клуба, исполняя свой репертуар с одними из лучших музыкантов в мире. Публика была в восторге и сотрясала зал аплодисментами, криками, топотом. Несколько раз весь зал поднимался на ноги, награждая оркестр овациями. Мечта явно продолжала разворачиваться перед моими глазами.

Когда уже стало невозможно продолжать исполнение, я подошёл к микрофону и объявил, что концерт закончен, назвав ещё раз имена артистов на сцене. Пришло время ещё раз представиться публике и попрощаться. Тут я преподнёс свою обычную прощальную речь, которую я произношу от глубины души почти после каждого концерта:

– Вы были замечательной публикой. Играть для вас было просто одно удовольствие. А теперь я жду первой же возможности выступить для вас опять как можно скорее где только будет возможно. А до тех пор до свиданья. Ещё раз спасибо за аплодисменты. Ваш покорный слуга Валерий Пономарёв.

В данный момент автор работает над следующей книгой, которая будет называться «Жизнь после "Арта Блэки и Посланцев Джаза"». Одновременно автор собирает материал для следующей книги. Её название будет «Две Лолиты».

Оглавление

Турне.
Джеймс Уильямс, Валерий Пономарев, Денис Эруин

Европейское
турне

В. Пономарев
на сцене одного из клубов

Европейское турне

В. Пономарев
в студии звукозаписи

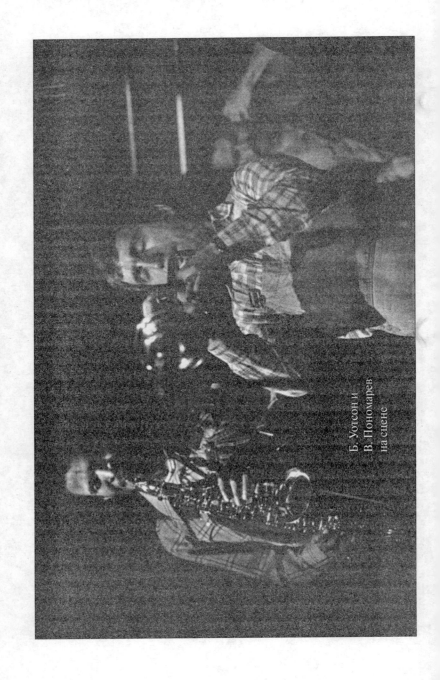

Б. Уотсон и
В. Пономарев
на сцене

«Посланцы Джаза» на сцене

«Уран» Уолтера Дэвиса (аккорды)

«Уран» (мелодия)

Арт Блэки и Валерий Пономарев

Вуди Шоу и Валерий Пономарев

В. Пономарев с Денисом Эруином в аэропорте в Италии

Солист В. Пономарев

В. Пономарев с братом Клиффорда Брауна

В руках у
В. Пономарева
труба
Клиффорда
Брауна

Японское турне

Концерт на инаугурации Буша, 1989

В. Пономарев

Арт Блэки

В. Пономарев

Пономарев Валерий Михайлович
НА ОБРАТНОЙ СТОРОНЕ ЗВУКА

Серия «Волшебная флейта»
Подсерия «Исповедь звезды»

Редактор *И. Парина*
Компьютерная верстка и дизайн *Г. Егорова*

ИД № 03974 от 12.02.01 г.
Подписано в печать 29.10.02. Формат 84x108/32
Печать офсетная. Гарнитура «Times New Roman Cyr»

Усл.-печ. л. 14,28. Тираж 2000 экз. Заказ № 4603.

Книги издательства «АГРАФ» оптом и в розницу
можно приобрести в издательстве, а также
заказать наложенным платежом по адресу:

129344, Москва, Енисейская ул., 2

E-mail: agraf.ltd@ru.net
http://www.ru.net/~agraf.ltd

т./ф. 189-17-35
т. 189-17-22

Отпечатано в полном соответствии
с качеством предоставленных диапозитивов
на ГИПП «Вятка»
610033, г. Киров, Московская ул., 122

Книги издательства АГРАФ

Серия

ВОЛШЕБНАЯ ФЛЕЙТА

Бинг Рудольф. ЗА КУЛИСАМИ "МЕТРОПОЛИТЕН ОПЕРА"

Книга выдающегося театрального деятеля XX столетия сэра Рудольфа Бинга посвящена будням и праздникам оперы. Автор, начавший свою карьеру в Англии, стал в 1950 г. интендантом одного из самых знаменитых оперных театров мира – нью-йоркской "Метрополитен Опера" – и с успехом провел на этом посту более 20 лет. Он подробно описывает свою борьбу за современный оперный театр, свою совместную работу с такими гениями XX века, как Шагал и Каллас, с оперными дивами и великими музыкантами. Книга изобилует пикантными, живыми, увлекательными подробностями.

Боссан Филипп. ЛЮДОВИК XIV, КОРОЛЬ-АРТИСТ

XVII век, блистательная эпоха расцвета французского абсолютизма, принесшая всемирную славу Франции и ее культуре, неотделим от образа монарха, как солнце, осветившего свою страну и так и прозванного современниками: Король-Солнце. Неоценимо много сделал Людовик XIV для того, чтобы французская культура – театр, живопись, архитектура, балет – еще много веков служила эталоном и образцом, мерилом достижений других национальных культур. При его прямом участии был создан Версаль, он покровительствовал Расину и Мольеру, Мансару и Люлли, именно ему принадлежит честь создания классического французского балета.

Менее известно, однако, что Людовик XIV, будучи страстным поклонником и знатоком искусства, и сам отдал дань музам: являлся прекрасным музыкантом и выдающимся танцором, мастерство которого отмечалось единодушно и отнюдь не только из-за верноподданнических чувств.

Необъятной теме "Людовик XIV и искусство" посвятил настоящую работу известный французский музыковед и романист Филипп Боссан. Увлекательно написанная, книга Боссана будет интересна всем, кто любит Францию и хочет больше узнать о ее великой культуре.

Горбунова Е.Н. МЕЙЕРХОЛЬД РЕПЕТИРУЕТ "ТРИДЦАТЬ ТРИ ОБМОРОКА"

Мало осталось людей, помнящих великих корифеев сцены, чье творчество составило славу и гордость русского театра XX века.

Театроведу и писателю Е. Горбуновой посчастливилось в юности общаться с В.Э. Мейерхольдом, присутствовать на его репетициях в качестве сотрудника специальной лаборатории по фиксации спектаклей, созданной при его театре. Внимательно и благоговейно записывали энтузиасты этой лаборатории ход репетиций, "партитуру спектакля", замечания и наблюдения Мастера, занося все это в свои дневники. Дневниковые записи и легли сейчас в основу этой книги.

Автор пишет о создании одного спектакля – по водевилям А.П. Чехова, но тема эта позволяет ей рассказать о новаторских режиссерских принципах Мейерхольда, о его отношении к классическому наследию, традициям МХАТ, системе Станиславского.

Е.Н. Торбунова делится впечатлениями от незаурядной личности Мейерхольда, вспоминает многих ушедших актеров и деятелей театра, погружает читателя в атмосферу творческих поисков и новаций великого режиссера.

Эта книга живого очевидца вносит новые факты в историю отечественного театра и будет интересна читателям, любящим театр и желающим побольше узнать о нем.

Золотницкий Д. МЕЙЕРХОЛЬД. Роман с советской властью

Новая книга видного российского театроведа содержит некоторые новонайденные материалы о позиции великого режиссера, предлагает неожиданную трактовку уже известных его находок. Здесь – выступление Мейерхольда против "ленинцев" в 1917 году; его хождение во власть после революции и революционная практика на театре; трагический финал – расправа над художником, когда все революционное стало страшить оккупантов собственной страны.

Кестинг Ю. МАРИЯ КАЛЛАС

Эта книга – лучшая в мире монография, посвященная жизни и творчеству величайшей певицы ХХ века Марии Каллас, артистическая карьера которой не только развернута в ее временной последовательности, но и проанализирована в самых разных аспектах – с точки зрения вокальной техники, искусства интерпретации, общественного имиджа и влияния на мировую оперу. В виде дополнений приведен перечень выступлений Каллас и дискография.

Коткина И.А. АТЛАНТОВ В БОЛЬШОМ ТЕАТРЕ: Судьба певца и движение оперного стиля

Это первая книга о выдающемся русском певце Владимире Атлантове. Она написана Ириной Коткиной – специалистом по музыкальному театру и, в частности, по вокалу.

Издание построено по интересному принципу: в каждой главе автор подробно анализирует творчество Атлантова, прослеживает все этапы его творческого пути, а затем помещает фрагменты своего разговора с певцом, в котором тот сам комментирует соответствующие события своей жизни. На каждый вопрос автора следует подробный, эмоциональный ответ певца. Такое построение придает книге дополнительное своеобразие.

В книге не только обрисован образ большого русского певца – автор-исследователь ставит и пытается решить интереснейшие и актуальные для современного музыкального театра вопросы: традиции и стили в опере, режиссура и музыкальное руководство в оперном театре, функционирование различных оперных театров мира и т.п.

Много страниц книги посвящено блестящему поколению сверстников и коллег Атлантова: Образцовой, Милашкиной, Нестеренко, Мазуроку.

В издании освещены также малоизвестные для русского зрителя и читателя страницы жизни выдающегося тенора – его выступления на лучших сценах Западной Европы и Америки.

Особую ценность книге придают глубокие теоретические познания и литературный талант ее автора И. Коткиной.

Кракауэр З. ОФФЕНБАХ И ПАРИЖ ЕГО ВРЕМЕНИ

Автор книги, рассказывая о жизни Оффенбаха, описывает нравы Парижа 30–40 гг. XIX века, а также эпохи Второй империи, состояние тогдашних театров, рисует портреты театральных деятелей, литераторов, музыкантов на широком историческом фоне.

Кремер Гидон. ОБЕРТОНЫ

В книге выдающегося скрипача, одного из представителей "музыкальной элиты" нашего времени Гидона Кремера рассуждения о сути музыкантской профессии, о составляющих творческой жизни чередуются с острыми зарисовками, зоркими наблюдениями бытового и человеческого "фона".

Моцарт Вольфганг Амадей. ПИСЬМА

Книга представляет собой издательскую сенсацию: то, о чем мечтали многие поколения русских читателей, впервые станет им доступным. Письма великого Моцарта публикуются на русском языке впервые. В них гениальный творец предстает во всей полноте своего творческого и человеческого существования: быт у него неотделим от высокого искусства, а простые сиюминутные эмоции – от размышлений по поводу музыкального сочинительства. Большая часть писем Моцарта обращена к его отцу Леопольду, рано распознавшему в сыне гениальность. Особый интерес представляют письма к Аугсбургской кузине, в которых интимные чувства выражены неприкрашенным, подчас почти непристойным языком.

Ла Мюр Пьер. ЛУННЫЙ СВЕТ. Роман о Дебюсси

Роман американского писателя Пьера Ла Мюра "Лунный свет" посвящен жизни гениального французского композитора Клода Дебюсси (1862–1918) – его бурным любовным приключениям, долгому и трудному пути к славе, поискам новых форм в музыке.

Нуреев Рудольф. АВТОБИОГРАФИЯ

Биографические заметки легендарного танцовщика XX века Рудольфа Нуреева были надиктованы им вскоре после того, как он попросил политического убежища на Западе. В них артист рассказывает о детстве, о своих первых шагах в искусстве – вначале в Уфе, затем в Ленинграде, о причинах, приведших его к эмиграции.

Факты, изложенные в автобиографии, и их осмысление автором по-новому высвечивают творческую личность одного из наиболее значительных художников нашего времени.

Парин А.В. ХОЖДЕНИЕ В НЕВИДИМЫЙ ГРАД:
Парадигмы русской классической оперы

Данная книга уникальна по своему подходу к музыкальному театру. Известный эссеист и музыкальный критик разбирает классическое наследие русской оперы с точки зрения истории мировой культуры и философии, мифологии и аналитической психологии. Автор старается выявить символическую структуру отдельных произведений и распознать национальную специфику русской оперы в контексте европейской культуры в целом. Книга написана в форме развернутых эссе.

Стендаль. ЖИЗНЬ РОССИНИ

В увлекательной биографической книге великого французского писателя Стендаля описана жизнь одного из самых ярких и популярных композиторов XIX века Джоаккино Россини.

Оперное творчество Россини предстает в контексте бурной музыкальной действительности его времени, на фоне закулисных интриг и театральных скандалов.

Чемберджи В.Н.   В ДОМЕ МУЗЫКА ЖИЛА: Мемуары о музыкантах

Книга филолога и переводчицы Валентины Чемберджи, дочери композиторов Николая Чемберджи и Зары Левиной, представляет собой рассказы о великих людях, в основном музыкантах, среди которых она выросла и провела большую часть своей жизни.

Жанр рукописи – не мемуары, а скорее эскизы к портретам музыкальных деятелей в драматическом контексте истории нашей страны.

На ее страницах появляются не только великие композиторы, исполнители и музыкальные критики – от Шостаковича и Прокофьева до Рихтера, – но и незаслуженно обреченные на забвение достойные восхищения люди.

Много внимания автор уделяет описанию эпохи, в которую жили и творили известные музыкальные деятели.

Конечно, большую часть книги занимают рассказы о родителях автора. Приведены интереснейшие страницы дневниковых записей и писем Зары Левиной. Публикация книги станет заметным вкладом в историографию русской музыки.

Шоу Бернард.   О МУЗЫКЕ

В сборнике представлены эссе и статьи о музыке классика английской литературы Джорджа Бернарда Шоу. Всемирно известный драматург был утонченным ценителем Генделя, Моцарта, Бетховена. Читатель познакомится с его трактовкой опер Чайковского, Вагнера, Верди, с блестящими и остроумными рецензиями на оперные спектакли и симфонические концерты.

Книга предназначена музыкантам-профессионалам и всем интересующимся музыкальной эстетикой, журналистикой и театральным процессом.

ЭНРИКО КАРУЗО НА СЦЕНЕ И В ЖИЗНИ

Издание, посвященное величайшему певцу ХХ столетия Энрико Карузо, состоит из трех книг, всесторонне представляющих Карузо-артиста и Карузо-человека.

Монографический очерк американского журналиста Т. Ибарры – одно из самых компактных, хорошо документированных и увлекательных повествований о жизненном и артистическом пути знаменитого тенора. Особый интерес представляет тот факт, что автор лично видел и слышал певца в спектаклях "Метрополитен Опера" и делится с читателем своими собственными впечатлениями.

Вторая часть данной книги – это мемуары, оставленные вдовой великого тенора Дороти Карузо. Не слишком сведущая в проблемах музыкального искусства, Дороти Карузо сумела добавить к психологическому портрету своего великого мужа массу обаятельных и человеческих штрихов и деталей. Самые ценные страницы этих мемуаров – письма Карузо домой.

Третья и, возможно, самая ценная часть книги о Карузо – это исследование Дж. Фристоуна и Х. Драммонда "Дискографическое наследие Энрико Карузо". Это исследование впервые дает нашей аудитории конкретное представление о каждой из 239 выпущенных грамзаписей великого тенора.

Такая подробная книга о самом легендарном певце ХХ века будет, несомненно, интересна самому широкому кругу читателей.